Martin L. Pittorf

Zum Verständnis des filmtechnischen Elements Schwenk bei Kindern ab drei Jahren

www.mptv.de/books

Bibliografische Information der Deutschen Nationalbibliothek:
Die Deutsche Nationalbibliothek verzeichnet diese Publikation
in der Deutschen Nationalbibliografie; detaillierte bibliografische Daten sind im Internet über http:///dnb.d-nb.de abrufbar

Erstauflage
Printed in Germany

Graphik: Marcel Niehoff
Coverdesign: Ron Müller
Umschlagsfoto: Enna Sus

ISBN-13: 978-3-945 882-17-7

Martin L. Pittorf

Zum Verständnis des filmtechnischen Elements
Schwenk bei Kindern ab drei Jahren

*Untersuchungen mit Hilfe eigens entwickelter,
altersgerechter, videobasierter Tests*

punkt um FILM

Dissertation zur Erlangung des akademischen Grades Dr. rer. nat.
Fakultät Medien der Bauhaus-Universität Weimar
Vorgelegt von Dipl. Geophys. Martin L. Pittorf

Erstgutachterin: Univ.-Prof. Dr. Anke Huckauf, Universität Ulm
Zweitgutachter: Univ.-Prof. Dr. Heiko Hecht, Joh. Gutenberg-Universität Mainz

Disputation am 15.12.2014

Zusammenfassung

Die vorliegende Arbeit befasst sich mit dem Verständnis eines grundlegenden technischen Filmelementes, dem *Schwenk*, bei Kindern ab drei Jahren. Um den besonderen Anforderungen bei der Befragung kleiner Kinder zu genügen, wurde zunächst eine altersgerechte Methode entwickelt (*Teddy Tom Test TTT*), bei der ein kleiner Teddy diese Aufgabe in einem quasi-interaktiven Frage- und Antwort-Spiel aus einem Video heraus übernimmt. Dadurch können Fragen direkt nach dem jeweiligen Filmelement gestellt werden, ohne dass das Prinzip "Film" verloren geht. Mit einem ersten Testfilm (*TTT pre*) wurde die Durchführbarkeit der Methode bei Vier- bis Zehnjährigen (N=67) bestätigt.

Unter Berücksichtigung der Erkenntnisse aus dem Vortest wurde ein weiterer Testfilm produziert (*TTT intro*), mit dem Grundschüler im Alter von sechs bis zehn Jahren (N=168) zu allgemeinen kognitiven Fähigkeiten und zum Umschnitt- und Schwenkverständnis (SV) befragt wurden. Eine Altersabhängigkeit, wie sie in früheren Untersuchungen gefunden worden war, konnte bestätigt werden. Die Befragung war so einfach, dass die Untersuchung auf Kindergartenkinder bereits ab drei Jahren ausgeweitet werden konnte (damit N=232), für die bislang kaum Ergebnisse vorlagen. Auch hier wurde die Abhängigkeit des SV vom Alter festgestellt.

Da für das SV ein Zusammenhang mit dem visuellen Arbeitsgedächtnis (vAG) erwartet wurde, aber für die zu untersuchende Altersgruppe kein akzeptabler Test vorlag, wurde ein den Anforderungen entsprechender *Matrix Film Battery Test (MFBT)* - ebenfalls auf Video-Basis - entwickelt und produziert, mit dessen Hilfe neben der Kapazität des vAG auch Unterschiede bzgl. der Wahrnehmungsgeschwindigkeit bestimmt werden können. Die Reliabilität und Validität wurden in einer Quer- und einer Längsschnittstudie über acht Monate in sechs Sitzungen nachgewiesen (N=60).

Mit *MFBT*, *TTT intro* und einem weiteren Test mit 24 Schwenkaufgaben (*TTT pan*) wurde das SV bei Kindergartenkindern im Alter von drei bis sechs Jahren (N=62) untersucht und eine Korrelation mit dem Alter, mehr aber noch mit dem vAG festgestellt. Demnach können Kinder die meisten Schwenks verstehen, wenn sie sich die Lage zweier einfacher Objekte merken können. Dieses vAG-Level ist offensichtlich geschlechtsabhängig und wird von Jungen im Allgemeinen mit vier, von Mädchen mit fünf Jahren erreicht - Jungen verstehen Schwenks daher altersmäßig früher. Damit konnte ein Modell entwickelt werden, das rund zwei Drittel der Varianzen des SV durch das Alter und das vAG als Mediator aufklärt.

Um zu überprüfen, ob (und ggf. wie) das SV verbessert werden kann, wurden zwei weitere Teddy Tom Tests mit identischen (*TTT rep*) und ähnlichen (*TTT sim*) Schwenks entwickelt und produziert. Bei einer Untersuchungsgruppe vier- und sechsjähriger Jungen (N=32) konnten zwischen den drei Interventionsgruppen untereinander (ähnliche und gleiche Schwenks sowie handlungsorientiertes Verständnis) als auch zur Kontrollgruppe keine signifikanten Unterschiede bzgl. der SV-Verbesserung festgestellt werden. Allerdings wurde am Ende der Untersuchung bei fast allen Jungen ein entsprechend hohes vAG festgestellt, wie es offensichtlich für ein allgemeines SV hinreichend ist. Kinder mit niedrigerem vAG zeigten entsprechend keine Verbesserung (jeweils unabhängig von der Intervention).

Es wurde deshalb auch mit der ursprünglichen Gruppe (N=60) mit teilweise niedrigerem vAG in einer weiteren Sitzungen der *TTT rep* zusammen mit dem *MFBT* durchgeführt. Eine Verbesserung im Verständnis identischer Schwenks konnte nur bei Älteren bzw. Kindern mit hohem vAG-Level festgestellt werden, die bereits bei der ursprünglichen Aufgabe *TTT pan* ein entsprechend hohes SV aufwiesen.

In einer weiteren Untersuchung mit dieser Gruppe (N=60) mit *TTT sim* und *MFBT* zeigten auch nur diese Kinder eine entsprechende Transferleistung beim Verständnis ähnlicher Schwenks. Lerneffekte waren nur in Zusammenhang mit entsprechend hohem vAG-Level bzw. Alter festzustellen. Die Auswertung eines Fragebogens, der von 37 Elternpaaren beantwortet wurde, lässt unter Berücksichtigung des Alters keinen signifikanten Zusammenhang zwischen täglichem TV-Konsum und SV bzw. -verbesserung erkennen: Konsumerhöhung "normalen" Fernsehens allein scheint für eine Verbesserung des SV nicht auszureichen.

Offensichtlich scheint das Verständnis von Schwenks als basalen Elementen einer TV literacy mit altersabhängigen kognitiven Voraussetzungen (insbesondere entsprechender Leistung des vAG) einherzugehen. Hier soll mit weiteren Untersuchungen der ursächliche Zusammenhang zwischen vAG und SV gefunden werden. Da das vAG als wichtiger Prädiktor schulischer, insbesondere mathematischer Kompetenzen gilt, könnten diese ggf. durch entsprechende Übungen mit Schwenks (wie z.B. den Teddy Tom Tests) gefördert werden.

Für die Praxis der Produktion ergeben sich verschiedene konkrete Vorschläge für die Anwendung von Schwenks insbesondere in Kinderfilmen. Darüber hinaus stellt sich die Frage, ob und ggf. inwieweit auch andere filmtechnische Elemente (wie verschiedene Umschnittarten) vom vAG bzw. vom Alter abhängig sind und ihr Verständnis ggf. verbessert werden kann.

Die Ergebnisse dieser Arbeit wurden zum Teil in wissenschaftlichen Zeitschriften, auf Tagungen und bei Vorträgen vorgestellt und diskutiert.

Inhaltsverzeichnis

Theoretische Einordnung

Testentwicklung

Empirische Untersuchungen

Diskussion und Ausblick

Appendix

Liste der Abbildungen

der Wiederholung keine Verbesserung, ab acht richtigen Schwenks beim ersten Durchgang zeigen alle Kinder eine Verbesserung um einen Schwenk. Die Diagonale zeigt die gleiche Anzahl richtiger Schwenk-Antworten in beiden Durchgängen an.

S.85   **Abb. 25:** Das Verständnis der ähnlichen Schwenks (TT sim) in Abhängigkeit von der Verbesserung bei der Wiederholung delta pan (t3, t2). Kinder, die sich bei der Wiederholung verbessert haben, zeigen bei ähnlichen Schwenks ein deutlich höheres SV.

S.86   **Abb. 26:** Kinder, die sich bei der Wiederholung (TTT rep) verbessert haben (delta pan=1) zeigen bei der späteren Untersuchung (TTT sim) signifikant bessere Werte als Kinder, die zwar in der Wiederholung die gleiche Anzahl richtiger Schwenks haben, sich aber gegenüber der ursprünglichen Aufgabe nicht verbessern konnten. Angegeben sind die korrekt gelösten Schwenkaufgaben.

S.87   **Abb. 27, links:** Das Verständnis SV der ähnlichen Schwenks (t4) in Abhängigkeit vom vAG und der Verbesserung (delta pan) bei der Wiederholung gegenüber den ursprünglich gezeigten Schwenks. Dabei ist nicht nur das SV vom vAG abhängig, sondern auch delta rep: mit zunehmendem vAG wird auch der Anteil der Kinder, die sich bei der Wiederholung verbessert haben (delta pan), größer. Die Verbesserungen bei ähnlichen Schwenks sind also zumindest teilweise auf Lerneffekte durch die Wiederholung zurückzuführen, die wiederum mit dem vAG einhergehen. **Rechts:** Der Fernsehkonsum spielt unter Berücksichtigung von delta pan keine signifikante Rolle.

Liste der Tabellen

1. Einleitung

1.1. Zielstellung

„Denken wir einmal an die vielen Millionen Menschen, die in Industriegesellschaften leben und greifen wir einen x-beliebigen heraus… Es ist sehr wahrscheinlich, dass er innerhalb eines 24-Stunden-Rhythmus schläft, trinkt, isst, verdaut und fernsieht." (J. R. Brown, 1979)

Fernsehen ist in unserer heutigen Zeit für viele zum unverzichtbaren Bestandteil ihres Lebens geworden. Auch Kinder werden früh mit diesem Medium konfrontiert, sei es direkt durch fernsehen in der eigenen Familie (Feierabend, 2006; Feierabend & Klingler, 2009) oder auch nur, weil andere Kinder davon erzählen. Für Eltern und Erzieher stellt sich die Frage, wie viel gerade kleine Kinder überhaupt fernsehen dürfen, sollen oder vielleicht sogar müssen und welche Sendungen ggf. besonders geeignet oder tabu sind. Eine Orientierung war seit Beginn dieser Auseinandersetzung schwierig, denn gerade populäre Bücher und Autoren der jeweiligen Zeit wie *The plug-in drug/ die Droge im Wohnzimmer* (Winn, 1979), *Four arguments for the elimination of television/ Schafft das Fernsehen ab!* (Mander, 1978), *The dissapearence of childhood/ Das Verschwinden der Kindheit* (Postman, 1983), *Vorsicht, Bildschirm!* (Spitzer, 2005) unterstreichen unübersehbar die negativen Seiten des Fernsehens für Kinder oder stellen TV-Konsum sogar als gefährlich dar. Immer wieder wird in diesem Zusammenhang gerade auch auf die Darstellung von Gewalt in Filmen und ihre möglichen Auswirkungen zum Beispiel durch Nachahmung hingewiesen (z.B. Buckingham, 1993; Spitzer, 2006) und so gibt es zu diesen inhaltlichen Aspekten ein breites Spektrum teils kontroverser Publikationen.

Auf der anderen Seite wird immer wieder deutlich gemacht, dass Fernsehen das Mittel der Wahl sein kann, wenn es z.B. um die Vermittlung von Wissen geht (z. B. Murphy & Wood, 1981). Für Kinder im Vorschul- und Schulalter wurden positive Effekte durch Schulfernsehen (*educational television*; Fisch, 2000) für fast alle Fächer bzw. entsprechende Kompetenzen nachgewiesen: von Mathematik und Problemlösung (Ball & Bogatz, 1970; Bogatz & Ball, 1971; Schauble & Peel, 1986; Hall, Esty, & Fisch, 1990), Naturwissenschaften und Technik (Cambre & Fernie, 1985; Clifford, Gunter, & McAleer, 1995) bis zu Sprache (Rice, Huston, Truglio, & Wright, 1990) oder Geschichte (Calvert & Tart, 1993, Calvert, 1995). Insofern fordern führende Pädagogen im *medienpädagogischen Manifest: keine Bildung ohne Medien* den verstärkten Einsatz audiovisueller Medien zu Lehrzwecken gerade auch schon in der frühen Kindheit (medienpädagogische Einrichtungen, 2009).

Um Fernseh- oder Filminhalte (die Begriffe werden im Folgenden synonym verwendet, da sie für die selben Inhalte nur auf unterschiedlichen Projektionsflächen stehen) nun überhaupt verstehen zu können, müssen Kinder zum einen von ihrer allgemeinen und insbesondere kognitiven Entwicklung her dazu in der Lage sein, zum anderen müssen sie auch die speziellen fernseh-spezifischen Techniken und *codes* verarbeiten können. Während es eine Vielzahl von Untersuchungen zu Effekten von Film*inhalten* gibt, ist die Anzahl zu Untersuchungen zum Verständnis der eigentlichen Schnitt*techniken* bislang begrenzt:

"Nevertheless, there are probably no more than a half-dozen studies that have ever been done directed at transition comprehension at any age. Many other aspects of comprehension of audiovisual media have similarly small bases of research." (Anderson & Hanson, 2010, S.252).

In der vorliegenden Arbeit soll nun gezeigt werden, in wieweit Kinder ab drei Jahren in der Lage sind, *Schwenks* zu verstehen, und in wieweit dies auf das Alter, Geschlecht, die Leistungsfähigkeit des visuellen Arbeitsgedächtnisses und die individuelle Fernseherfahrung zurückgeführt werden kann. Dafür wurde eine neue Methode entwickelt und angewandt: mittels eines Teddys als Avatar konnten in verschiedenen Untersuchungen auch jüngere Kinder ab drei Jahren befragt werden, bei denen sonst eine Untersuchung oft schwierig ist. Um die Zusammenhänge zum visuellen Arbeitsgedächtnis (vAG) bestimmen zu können wurde darüber hinaus ein Test entwickelt, mit dem das vAG in dieser Altersgruppe einfach bestimmt werden kann.

1.2. Outline dieser Dissertation

Im Folgenden werden kurz die relevanten Grundlagen zum Filmverständnis im Allgemeinen (Kapitel 2) als auch zum Schwenkverständnis bei Kindern im Besonderen skizziert (Kapitel 3). Um Zusammenhänge mit dem vAG überprüfen zu können habe ich einen Matrizentest auf Filmbasis entwickelt und produziert, da bislang keine entsprechenden Tests für die Altersgruppe der Kinder ab drei Jahren zur Verfügung standen (Kapitel 4).

Die Befragung zum Filmverständnis bei Kindern wurde bis dato hauptsächlich durch Nachspielen am Ende eines Filmes durchgeführt. Dies scheint aus verschiedenen Gründen nicht zielführend (Kapitel 5). Ich habe deshalb ein Verfahren entwickelt, mit dem Fragen direkt nach dem Filmelement gestellt werden können, ohne dass dabei das Prinzip "Film" verloren geht. Dazu wurde eine quasi-interaktive Frage-Form genutzt (Teddy TOM Test, TTT), die ein "Gespräch" zwischen Teddy und Kind aufbaut. Nach erfolgreichem Probelauf mit einigen wenigen Fragen (*TTT pre*) habe ich einen weiteren Test zu kognitiven Grundvoraussetzungen und ersten Schwenk- und Umschnittverständnisfragen entwickelt (*TTT intro*; Kapitel 5) und mit 168 Grundschulkindern durchgeführt (Kapitel 6). Es zeigte sich, dass die Methode zur Untersuchung sehr gut geeignet ist: selbst bei schwierigen (schüchternen) Kindern konnte durch die Befragung mittels Teddy ein gutes Ergebnis erreicht werden. Da auch bei kleinen Kindern im Allgemeinen eine Befragung schwierig ist, wurde überprüft, ob mit der Methode auch jüngere Kinder befragt werden können, und der Test auf Vorschulkinder (damit N=232) ausgeweitet (Kapitel 7). Es zeigte sich, dass sich die Methode TTT auch für Kinder ab 3 Jahren eignet, wenn altersspezifische Besonderheiten bei der Filmführung beachtet werden.

Für den folgenden Test zum vAG wurden nur noch Kindergartenkinder untersucht, da hier bereits die Grundlagen für Verständnisunterschiede liegen. Der Test wurde an 60 Kindern als Langzeitstudie durchgeführt (Kapitel 8). Zusammen mit einem Elternfragebogen zum Fernsehkonsum der Kinder und einem weiteren Test-Film mit 24 Fragen zum Schwenkverständnis (*TTT pan*), die das Kind nur richtig beantworten kann, wenn es den zu Grunde liegenden Schwenk verstanden hat, wurde nachfolgend die Abhängigkeit des Schwenkverständnisses (SV) bei Kindergartenkindern von Alter, vAG, Geschlecht und Fernsehkonsum untersucht (Kapitel 9).

Es stellte sich darüber hinaus die Frage, ob und gegebenenfalls wie das SV verbessert werden kann. Dazu wurden zwei weitere Versuche durchgeführt, für die ein weiterer Test mit ähnlichen Schwenks (*TTT sim*) sowie eine Wiederholung der ursprünglichen Schwenks (*TTT rep*) entwickelt und produziert wurden, mit denen die Effekte solcher Maßnahmen überprüft werden konnten. Beim ersten Versuch (Kapitel 10) wurden die Daten von 32 Jungen im Alter von vier und sechs Jahren als Teil einer Masterarbeit an der Pädagogischen Hochschule Weingarten/ St. Gallen aufgenommen. Es zeigte sich, dass die Unterschiede im SV auf Grund unterschiedlicher Interventionsmaßnahmen nicht signifikant waren. Für den zweiten Versuch (Kapitel 11) wurden die beiden Tests bei der ursprünglichen Gruppe durchgeführt und die Lern- bzw. Transferleistung durch identische und ähnliche Schwenks untersucht.

Die Ergebnisse werden jeweils am Ende der Kapitel separat diskutiert, da sie Grundlage der folgenden Untersuchungen waren. Eine zusammenfassende Diskussion (Kapitel 12) und ein Ausblick (Kapitel 13) runden die Arbeit ab. Nach den Shotlisten für die Teddy Tom Tests im Anhang A1 sind im Anhang A2 die Erklärung der selbstständigen Durchführung dieser Arbeit und eine Danksagung angefügt.

1.3 Entwickelte Tests

Es wurde eine interaktive Methode mit einem kindgerechten Avatar zur Befragung von Kindern entwickelt. Nach einer ersten Studie (*TTT pre*) wurden vier Testfilme dieser Methode Teddy Tom Test produziert (*TTT intro, TTT pan, TTT rep, TTT sim*). Des Weiteren wurde ein Test zur Bestimmung des visuellen Arbeitsgedächtnisses unter besonderer Berücksichtigung der individuellen Wahrnehmungsgeschwindigkeit von Kindern im Kindergartenalter entwickelt und produziert (*Matrix Film Battery Test, MFBT*).

1.4 Publikationen

Diese Dissertation basiert auf den folgenden, in Fachzeitschriften veröffentlichten Artikeln. Sie wurden zum Teil auszugsweise übernommen, im Allgemeinen aber dem Outlook dieser Dissertation angepasst, ergänzt und aktualisiert. Abbildungen und Tabellen stammen zumeist im Original ebenfalls aus diesen Publikationen, wurden aber ggf. für diese Arbeit auf Deutsch übersetzt. Da die Artikel auf den gleichen Grundlagen basieren, kann es auch im theoretischen Teil zu Überschneidungen kommen, die Artikel sind nur zeitlich früher erschienen und werden deshalb hier ggf. nicht noch einmal explizit aufgeführt. Ich bin der Erstautor aller genannten Artikel. Die vorgestellten Methoden wurden von mir entwickelt und implementiert, die benötigten Filme produziert. Die Untersuchungen wurden ebenfalls von mir durchgeführt und ausgewertet, die Co-Autoren unterstützten insbesondere als Diskussionspartner, Reviewer, Supervisor und bei der statistischen Auswertung.

1.4.1 Wissenschaftliche Zeitschriften

Pittorf, M. L., Huckauf, A., & Lehmann, W. (2010). Zum kindlichen Verständnis der typischen technischen Filmelemente Schwenk und Umschnitt. *Medien und Erziehung: Mediengebrauch von Kindern im Alter von 0 bis 6 Jahren, 54* (6), 94-105.

Pittorf, M. L., Lehmann, W., & Huckauf, A. (2014a). Visual working memory and perception speed of 3- to 6-year-old children tested with a Matrix Film Battery Test. *Early Child Development and Care, 184* (6), 843-854.

Pittorf, M. L., Lehmann, W., & Huckauf, A. (2014b). The understanding of pans in 3- to 6- year-old children. *Media Psychology, 17 (3)*, 332-355.

1.4.2 Tagungsbeiträge und Vorträge

Pittorf, M. L., & Huckauf, A. (2008). Zur kindlichen Wahrnehmung von Schnitttechniken im Film. *Tagung experimentell arbeitender Psychologen*, 75.A.

Pittorf, M. L. (2014). Untersuchungen zum Verständnis filmtechnischer Elemente bei Kindern ab 3 Jahren mittels Teddy Tom Tests und MFBT. *Leibniz-Institut für Neurobiologie, Magdeburg (10. April)*.

Pittorf, M. L., & Lehmann, W. (2014). Das visuelle Arbeitsgedächtnis im Kindergarten einfach testen: der MFBT. *Fachtagung des Forschungsnetzes frühe Bildung Sachsen-Anhalt*.

Pittorf, M. L., & Lehmann, W. (2014). Zum Verständnis von Schwenks und Umschnitten in Filmen bei Kindern ab 3 Jahren. *Fachtagung des Forschungsnetzes frühe Bildung Sachsen-Anhalt*.

1.4.3 Weitere im Zusammenhang mit der Dissertation veröffentlichte Artikel

Pittorf, M. L. (2014). Der Matrix FILM Battery Test (MFBT) zur Bestimmung des visuellen Arbeitsgedächtnisses drei- bis sechsjähriger Kinder. *KiTa aktuell; Fachzeitschrift für Leitungen, Fachkräfte und Träger der Kindertagesbetreuung (MO), 23* (6), 157-158.

Pittorf, M. L. & Lehmann, W. (2014). Im Fokus: Das visuelle Arbeitsgedächtnis im Kindergarten-alter. *KiTa aktuell; Fachzeitschrift für Leitungen, Fachkräfte und Träger der Kindertagesbetreuung (MO), 23* (5), 129 -131.

1.4.4 Internetportal und Kinderfilme

Unter Berücksichtigung der Ergebnisse dieser Arbeit wurden bislang zwei Kinderfilme speziell für Kinder ab drei Jahren produziert, die zusammen mit eigens entwickelten Spielen zur Verbesserung des visuellen Arbeitsgedächtnisses kostenfrei auf dem Internet-Portal *www.teddytom.com* zur Verfügung stehen (Stand Mai 2014):

Pittorf, M.. (2013). *Teddy Tom baut eine Seifenkiste*, Magdeburg: punkt um Film.

Pittorf, M.. (2012). *Teddy Tom kauft ein*, Magdeburg: punkt um Film.

2. Formale technische Filmelemente (formal film features) und ihre Bedeutung für das Filmverständnis

2.1 Voraussetzungen für Filmverständnis

Das Verständnis von Filmen und Fernsehbeiträgen setzt neben den notwendigen technischen Anforderungen an die Darbietung verschiedene Fähigkeiten und Kompetenzen des Zuschauers voraus: zum einen muss der Rezipient über ausreichend sensorische Fähigkeiten verfügen, er muss basal kognitiv in der Lage sein, die technischen Bilder und bimodalen Sequenzen verarbeiten zu können, und er muss ggf. über ein entsprechendes Wissen verfügen, wenn im Film spezifisches Wissen vorausgesetzt oder sich auf andere Werke bezogen wird (z.B. Zitate). Im Gegensatz zum Verständnis von audio-visuellen Darbietungen ohne Bewegtbildanteil (z.B. Diavortrag, Bildbesprechung, etc.) muss die über die ökologischen Erfahrungen hinausgehende film-typische „Sprache" verstanden werden, dem zunächst das Verständnis der film-technischen oder formalen Elemente *(formal film features;* die Begriffe werden im folgenden synonym verwendet) zu Grunde liegt. Die einzelnen Parameter und ihre Bedeutung für Filmverständnis sollen im Folgenden kurz umrissen werden.

2.2 Technische Bilder

Bei Bildern, also visuellen Abbildungen einer Situation, die durch ein Medium (Foto, Film, Malerei, etc.) auch unabhängig und von der eigentlichen Situation losgelöst betrachtet werden können, handelt es sich um „technische" Bilder (Flusser, 2008). Sie werden auf einem begrenzten Raum (z. B. einem Monitor oder einer Leinwand) dargeboten und unterscheiden sich damit neben der Zweidimensionalität (3D soll hier nicht betrachtet werden) von „natürlichen" Bildern in einem deutlich niedrigeren Fourier-Frequenzspektrum und in einem meist geringeren Blickwinkel. Der Betrachter muss also die Bildumgebung weitgehend ausblenden, seine Aufmerksamkeit auf die begrenzte Fläche richten, den Bildinhalt selektieren und gruppieren, kurzzeitig speichern und die Informationen in einem kognitiven Wechselspiel (z.B. durch mentales Rotieren von Objekten) mit vorhandenem Wissen abgleichen. Die für das Verständnis solcher Bilder bzw. die dafür benötigte Zeit ist von Voraussetzungen abhängig (Mayer & Chandler, 2001), die sich primär in drei Gruppen teilen lassen: äußere Faktoren der Betrachtung (wie z. B. Lichtverhältnisse, Störungen, Reflexionen, Blendung, Geräusche oder Gerüche), bildimmanente Faktoren (wie Auflösung, Farbigkeit, etc.) und rezipienten-abhängige Faktoren (wie individuelle Vorkenntnisse des Betrachters und seine emotionale Verfassung; Ohler, 1994). Allerdings interagieren diese Faktoren stark: so sind z. B. Au-merksamkeit und *arousal* (physiologische Aktivierung, z. B. Abnahme der Herzfrequenz und Zunahme der Hautleitfähigkeit) der Zuschauer beim Betrachten emotionaler Szenen auf einem größeren Bildschirm deutlich höher als auf einem kleinen Monitor (Reeves, Lang, Kim, & Tatar, 1999), was wiederum zu einer höheren kognitiven Leistungsfähigkeit führt (Yerkes & Dodson, 1908).

2.3 Multimodalität

Bei heutigen Filmen und Fernsehbeiträgen handelt es sich im Allgemeinen um editierte Sequenzen technischer Bewegtbilder mit zusätzlicher Audiokomponente (Schumm, 1993). Die auditive Wahrnehmung unterliegt dabei ähnlichen Prinzipien wie die visuelle: auditiver Aufmerksamkeit, Lokalisation, Diskrimination, Merkfähigkeit, Figur-Grund-Disparation (Katz, 1969; Palmer, 1999) und dem Verständnis von Sinnbezügen (Zimmer, 2005). Stimmen, Geräusche und Musik können den Zuschauer emotional stärker an die Handlung des Filmes binden, durch diese weitere Modalität werden aber auch zusätzliche Informationen angeboten, die durch die gleichzeitige Darbietung mit den visuellen Präsentationen verbunden werden („mapping"; Mayer, 1997). Durch diese referenzielle Verknüpfung kann die Behaltens- oder Verstehensleistung verbessert werden (Theorie der „Doppelcodierung" von Paivio, 1986), allerdings besteht bei multimodalen Informationen auch eher die Gefahr der Interferenz (Engelkamp & Zimmer, 1990) und kognitiven Überlastung des Arbeitsgedächtnisses (Sweller, 1988), z.B. bei widersprüchlichen Informationen (semantische Diskrepanz, „Text/Bild-Schere"; Weidenmann, 2002). Nach der *multiple resource theory* (Navon & Gopher, 1979; Wickens, 1980) nutzen Video- und Audioinformation unterschiedliche Zeichensysteme, deren Informationen größtenteils redundant sind, so dass hier entsprechende Kapazitäten der jeweilig freien Ressource genutzt werden können (*resource shift*; Basil, 1994). Diese Charakterisierung von visuellem und auditivem Kanal als distinkt (*dual channel assumption*) von ihren sensorischen Modalitäten (Baddeley, 1986) über die kognitive Verarbeitung (Chandler & Sweller, 1999; Sweller, 1991) bis zu den Darstellungsmodi (Paivio, 1986) ist die Grundlage multimedialer Lerntheorien (*generative-learning*, Wittrock, 1989; *selecting-organizing-integrating*; Mayer, 2001, 2002). Sie bedeutet eine deutliche kognitive Erleichterung für das Verständnis von audiovisuellen Medien und insbesondere (Ton-) Filmen.

2.4 Bewegtbildwahrnehmung

Beim Betrachten von Filmen oder Fernsehen wird auf der Netzhaut ein zweidimensionales Äquivalent der medialen Darbietung abgebildet (Goldstein, 2002). Nach einer chemo-elektrischen Transformation (Transduktion) wird die Information neuronal in entsprechende, für die visuellen Signale zuständige Bereiche des Gehirns geleitet (Kandel, Schwartz, & Jessell, 2000). Dabei werden die stereoskopen Signale von linkem und rechtem Auge auf unterschiedlichen Ebenen miteinander verknüpft, unterschiedliche (Ab-) Bildmerkmale wie Bewegung, Farbe, Struktur etc. werden kodiert auf unterschiedlichen neuronalen Bahnen weitergeleitet und in visuellen Arealen verarbeitet, von denen bislang 25 verifiziert werden konnten (Sereno, Dale, Reppas, Kwong, Belliveau, & Brady, 1995). Informationen räumlicher Art oder Bewegung werden demnach im dorsalen, magnozellulären System zum parietalen Kortex projiziert, während die Informationen zu Form und Farbe über das ventrale, parvozelluläre System zum unteren Temporallappen geführt werden (Purpura, Kaplan, & Shapley, 1988). Beide Systeme projizieren weiter auf distinkte Bereiche des frontalen Kortex, die jeweilig auf objektspezifische bzw. räumliche Arbeitsgedächtnisleistungen (siehe nächstes Kapitel) spezialisiert sind (Ungerleider, Courtney, & Haxby, 1998). Darüber hinaus konnte ein drittes, koniozelluläres System identifiziert werden (Hendry & Yoshioka, 1994), allerdings gibt es darüber bislang wenige Informationen (Prasad & Galetta, 2011). Auch die genaue Verschaltung insgesamt in den subkortikalen und kortikalen visuellen Netzwerken ist bislang noch nicht bekannt, allerdings scheint es eine Spezialisierung der verschiedenen Areale sowie eine hierarchische Struktur (Signaltransfer von niedrigeren zu höheren Arealen) zu geben (Grill-Spector & Malach, 2004).

2.5 Filmbezogene Zeichenkompetenz

Filme zeigen Situationen anders, als sie im realen Alltag wahrgenommen werden. Diese filmtypische Sprache (TV-, film oder media literacy; Greenfield, 1974; Livingstone, 2004a, 2004b) in Form einer „visual literacy" (Messaris, 1994) oder „media grammar literacy" (Meyrowitz, 1998) ist nur ein Teilbereich der in diesem Zusammenhang oft genannten Medienkompetenz - neben z. B. Medienwissen, Medialitätsbewußtsein oder medienbezogener Genußfähigkeit (Groeben, 2004) - und eher als „mediale Zeichenkompetenz" (Nieding & Ohler, 2006 a, b, 2008; Ohler & Nieding, 2004) zu verstehen. Dazu gehört insbesondere das Verständnis von Schnitttechniken (visual formal features; Beentjes, de Koning & Huysmans, 2001; Huston et al., 1981), das als grundlegend für film literacy angesehen werden kann (Huston, & Wright, 1983; Munk et al., 2011).

Um die filmtechnisch erzeugten Inhalte (film codes) verstehen zu können sind geistige Transformationsleistungen erforderlich, die sich nicht nur auf den Inhalt beziehen, sondern primär das Verständnis der formalen filmtechnischen Elemente erlauben. Neben der grundsätzlichen Einsicht (*representational insight;* DeLoache, 2002), dass externe Repräsentationen (Nieding & Ohler, 2008) für etwas anderes stehen als sich selbst (z.B. kann man aus dem Bild einer Flasche nicht trinken; DeLoache, Pierroutsakos, Uttal, Rosengren, & Gottlieb, 1998), muss dafür das Verständnis der Zeichenfunktion formaler filmischer Mittel (Huston & Wright, 1983) vorhanden sein.

Dabei repräsentieren einzelne Produktionselemente unterschiedliche kognitive Fähigkeiten (Salomon, 1979). Beispielsweise entsprechen demnach Schnitte, die das Bild von einem Teil des Raumes oder von einer Ansicht des Objektes zu einer anderen springen lassen, den geistigen Operationen der Koordinierung von Orten aus unterschiedlichen Perspektiven. Ein Schnitt auf Nahaufnahme (Ransprung) setzt voraus, dass der Zuschauer kleine Teile mit einem größeren Ganzen in Verbindung bringen kann. Im Sinne Piagets verlangt dies (bei Kindern) eine kognitive Entwicklung, die über die konkret operationale Phase hinaus in die formal operationale Phase hineinreicht (Piaget, 1978).

Hier ist noch immer in der Diskussion, ob diese elementary skills als Teil einer media literacy wie eine Fremdsprache gelernt (und somit gelehrt) werden können (Greenfield, 1987) oder ob sie z.B. durch fernsehen als solches quasi automatisch erworben werden (z.B. Hobbs, 1998, 2011; Potter, 2012). Im letzteren Fall wäre vor allem das Verfügen über die ggf. notwendigen kognitiven Fähigkeiten die alleinige Voraussetzung für dieses Verständnis (Potter, 2004). Unklar ist allerdings, wie dies geschieht. Erwachsene ohne Fernseherfahrung konnten z.B. selbst komplizierte filmische Darstellungen verstehen, wenn es um bekannte Ereignisse oder Handlungen ging - waren die Darstellungsprinzipien kontextfrei, fehlte das Verständnis (Ildirar & Schwan, 2014; Schwan & Ildirar, 2010).

2.6 Montage

Eine besondere Anwendung des Schnitts im Film ist die Montage (Eisenstein, [1929], Pudowkin, 1972). Hier geht der Schnitt über die technische Notwendigkeit hinaus und wird als künstlerisch-gestaltendes Element genutzt (Kjorup, 1977). Dabei ergibt sich aus dem Aneinanderschneiden von Bildern für die gesamte Sequenz eine neue Aussage, z. B. wird die Sequenz „Großaufnahme eines schlafenden Gesichtes" und „Halbtotale eines sich nähernden Zuges" allein durch den Cut als „Gefahr" empfunden (Kuleschow-Effekt; Leyda, 1960). Auch die Wahrnehmung der Bildinhalte selbst kann - vor allem emotional geprägt - durch Montage verändert werden.

In „Fenster zum Hof/ Rear Window" (Hitchcock, 1954) z. B. wird die gleiche Einstellung zweimal verwendet. Allerdings wird der Gesichtsausdruck des Hauptdarstellers entsprechend der vorausgegangenen Einstellung („kleiner toter Hund" bzw. „halb-nackte Frau") deutlich unterschiedlich wahrgenommen. Diese Effekte wurden schon 1928 von Kuleschow bei Zuschauern festgestellt, die damals kaum über Filmerfahrung (bzw. Medienkompetenz) verfügt haben konnten. Das Verständnis von Montage setzt immer das (wenn auch unbewusste) Verständnis des zu Grunde liegenden technischen Schnittelementes voraus.

2.7 Basale Filmschnitt-Elemente

2.7.1 Cut

Die meisten Filme sind auf Grund der zeitlichen Beschränktheit der Filmdarbietung eingekürzte Wiedergaben von Aktionen (Schumm, 1993). Oft werden auch Handlungen an unterschiedlichen Orten dargestellt, ohne dass der Weg dazwischen abgebildet werden soll. Dies wird durch Transitionen erreicht, indem die Bildsequenzen ineinander geblendet werden oder direkt aufeinander folgen (harter Schnitt, „*cut*"). Daraus ergeben sich inhaltlich räumliche und zeitliche Sprünge, die für ein Verständnis vom Zuschauer eine ständige räumliche und zeitliche Orientierung erfordern. Die dafür nötige kognitive Verarbeitungsleistung ist umso höher, je weniger die Szene vor dem Schnitt inhaltlich, narrativ und semantisch mit der Szene nach dem Schnitt zusammen hängt (Lang, Geiger, Strickwerda, & Sumner, 1993).

2.7.2 Edits

Für Umschnitte, die sich durch eine veränderte Kameraposition innerhalb einer räumlichen Szene ergeben („*edit*"), ist der kognitive Aufwand gegenläufig: Je mehr innerhalb einer Szene umgeschnitten wird, desto leichter wird die Szene verstanden und desto besser ist die Erinnerung an die Szene (Lang, Zhou, Schwartz, Bolls, & Potter, 2000). Dies wird zum einen darauf zurück geführt, dass mit zunehmender Anzahl der *edits* ein besseres Verständnis für die Räumlichkeit der Szene aufgebaut werden kann, zum anderen rufen *cuts* und *edits* orienting response (Lang, 1990, Lang, 1991; Reeves, Thorson, Rothschild, McDonald, Hirsch & Goldstein, 1985; Thorson & Lang, 1989) und die damit verbundene Erhöhung der kognitiven Verarbeitungsressourcen hervor (Geiger & Reeves, 1993).

Edits lassen sich in verschiedene Kategorien einteilen, die sich aus den drei Parametern der Kamera ergeben, die stellvertretend für den Betrachter steht (Blickort-, Perspektiv- und Brennweitenwechsel):

- ein *horizontaler* oder *vertikaler Seitsprung* (hS/vS) entspricht dem harten Schnitt des Anfangs- und Endbildes eines Schwenks; überlappen sich die Bilder inhaltlich, sind es Seitsprünge *mit*, anderenfalls *ohne gemeinsame Bildanteile* (mgB/ogB)

- ein *Ransprung* (RS) oder *Wegsprung* entspricht einem harten Schnitt zwischen entsprechendem Anfangs- und Endbild eines Zooms

- *Ransprung, der sich durch Bewegung erklärt (RS-B)*: zu sehen ist nach einer Totalen ein Bildausschnitt, durch den sich dann ein Detail eines Subjektes bewegt. Zur Erleichte-rung des Verständnisses kann danach wieder die Totale ohne das bewegte Subjekt gezeigt werden.

Bei *Seitsprung* und *Ransprung* handelt es sich um einfache Umschnitte, die z. B. durch längeres Schließen der Augen bei einem Zoom bzw. Schwenk auch vom Rezipienten selbst erzeugt werden können. Nach d´Ydewalle & Vanderbeeken (1990) handelt es sich um Filmtechniken erster Ordnung, die nur einen geringen kognitiven Aufwand für die Verarbeitung bzw. das Verständnis erfordern. Unter der Annahme, dass Aufmerksamkeit sprunghaft verlagert werden kann (Cave & Bichot, 1999), handelt es sich auch um ökologische Wahrnehmungsereignisse.

Der *RS-B* ist eine rein filmtypische Technik, die des Verständnisses einer entsprechenden literacy bedarf, da im ökologischen Umfeld die Aufmerksamkeit sich an betrachteten Objekten, Teilen davon oder Gruppierungen von Objekten orientiert (Duncan, 1984; Roelfsma, Lamme, & Spekreijse, 1984), nicht aber auf einen „leeren" Bereich eines zu betrachtenden Bildes gelegt werden würde, da ein Objekt nur dann mit Aufmerksamkeit belegt werden kann, wenn es vorher als solches identifiziert wurde (Walther, Rutishauser, Koch, & Perona, 2005). Erst durch die bewegten Elemente ist dann eine räumliche Einordnung des Bildausschnittes in die Situation möglich, die kognitive Last ist weit höher zu erwarten.

2.7.3 Zwischni

Als *Zwischni* (Umschnitt mit *Zwischenschnitt)* bezeichnet man eine eingeschobene Einstellung ohne eigene Handlungsebene, ein Bild, das zwischen zwei andere Bilder gesetzt wird, um zum Beispiel einen bestimmten Teil einer langen Einstellung herausnehmen zu können. Ohne Zwischni würde das Bild an dieser Stelle „springen".

Beim *Zwischni* wird damit die Kontinuität der bildlichen Handlung kurzfristig verlassen. Dennoch muss vom Zuschauer erkannt werden, dass die Szene nach dem *Zwischni* inhaltlich an die Szene davor gehört, wobei dies zum Zeitpunkt des *Zwischnis* für unerfahrene Zuschauer noch nicht abzusehen ist. Ohne eine entsprechende Erwartungshaltung bzw. das Wissen um und das Verständnis für diese Filmtechnik ist ein *Umschnitt mit Zwischni* nicht ohne weiteres zu verstehen. Es ist aber anzunehmen, dass beim nochmaligen Betrachten die Sequenz in Abhängigkeit vom eigentlichen Schnitt verstanden wird, da dann der *Zwischni* erwartet wird und schon beim Betrachten des Bildes vor dem Schnitt das Bild nach dem Schnitt bekannt ist und eine räumliche bzw. inhaltliche Beziehung zwischen den beiden Einstellungen hergestellt werden kann. Dies kann ein Grund für die Ergebnisse der Untersuchungen von Eva Michel und Kollegen sein, die zeigten, dass eine Wiederholung eines Films eine deutliche Verständniszunahme bei Kindern bedeutet, die sogar höher ist, als wenn den Kindern der Film von einem Lehrer (selbst mit Bildern aus dem Film) erklärt wird (Michel, Roebers, & Schneider, 2007). Dabei spielt der Inhalt des Films (Erklärung, wie Zucker entsteht vs. Schatzsuche im Baumhaus) anscheinend keine Rolle.

2.7.4 Schwenk

Ein *Schwenk* wird im Allgemeinen durch die Kamerabewegung erzeugt, bei der die Kamera um eine (imaginäre) vertikale (Rechts- oder Linksschwenk) oder horizontale (Hoch- oder Runter-schwenk) Achse gedreht wird (Hickethier, 1978). Neben den Zooms (Ran- und Weg-fahrten) ist der Schwenk mit das einfachste technische Mittel, das bei der "Montage ohne Schnitt" (Metz, 1972) eingesetzt wird, und das ohne einen räumlichen Versatz (Diskontinuität) den Blick auf eine veränderte Örtlichkeit lenkt: In der visuellen Darstellung wird von einem sichtbaren Ausschnitt einer Szene kontinuierlich zu einem räumlich benachbarten Ausschnitt gewechselt, dies mit einer bestimmten Geschwindigkeit und normaler Weise gleich bleibender Einstellungsgröße. Der Zuschauer versteht diesen Schwenk dann, wenn er in der Lage ist, aus dem zeitlichen Nach-einander ein räumliches Nebeneinander („Totale") zu entwickeln.

3. Schwenkverständnis von Kindern

3.1 Bisherige Untersuchungen zum Verständnis filmtechnischer Elemente

Die Anzahl der Untersuchungen zum Verständnis von *visual formal features* allgemein ist bei Kindern bislang begrenzt, wie Anderson und Hanson in dem oben zitierten Übersichtsartikel feststellen (Anderson & Hanson, 2010, S.252). In einer dieser wenigen, von Anderson und Hanson angeführten Publikationen kommen die Autoren zu dem Schluss, dass Umschnitte (inklusive Ransprung und Subjektive) von etwa der Hälfte der vierjährigen Kinder (62 %) richtig interpretiert werden können, dass das allgemeine Verständnis mit dem Alter weiter zunimmt und ab 13 Jahren dem eines Erwachsenen entspricht (Smith, Anderson, & Fischer, 1985). Andere Autoren kommen zu ähnlichen Ergebnissen: nach Collins (1979), der die entwicklungsbedingten Änderungen im Verstehen von Film-Geschichten als ineinander greifende Ereignisse eingehend untersucht, verstehen Schülerinnen und Schüler bis zur zweiten Klasse demnach bestimmte Elemente einer Geschichte nur begrenzt und fragmentarisch, mit zunehmendem Alter verbessert sich das Verständnis wesentlich, ab der achten Klasse wird das Verständnis ähnlich hoch wie bei Erwachsenen eingestuft.

In diesen wie auch den weiteren Untersuchungen wurde dabei aus der richtigen Erinnerung bzw. dem Nachspielen (Munk et al., 2012; Smith, Anderson, & Fischer, 1985; Sturm & Jörg, 1982) des Gesehenen im Anschluss an die Filmvorführung auf die Qualität des Verständnisses geschlossen (Offline-Methoden; Nieding & Ohler, 2004). Insofern bleibt unklar, ob die Fehler der Wiedergabe tatsächlich durch Verständnisschwierigkeiten oder z. B. Vergessensprozesse zustande kamen.

Ein wesentliches Ergebnis dieser Untersuchungen war auch, dass sich gerade jüngere Kinder vor allem an solche Teile der Geschichte erinnern, die nebensächlich und irrelevant für die Handlung sind. Die Art der Handlung selbst spielt dabei keine Rolle (Michel, Roebers & Schneider, 2007). Damit scheint die Qualität der Wiedergabe eines Handlungsablaufes als Maß des Verständnisses einzelner Elemente bei jüngeren Kindern eher ungeeignet.

Kindern im Alter von vier bis sechs Jahren wurde von Nummenmaa (1969) zweimal das gleiche Filmmaterial vorgeführt: einmal mit logisch aufgebautem Handlungsablauf, zum anderen in wahllos aneinander gereihten Sequenzen. Die Kinder, die die logisch aufgebaute Variante gesehen haben, hatten durch den stringenten Handlungsablauf keinen Verständnisvorteil; die andere

Gruppe hatte das Fehlen eines logischen Zusammenhanges im Handlungsablauf nicht einmal bemerkt.

Ein weitere Schwierigkeit ist, dass bei Nacherzählungen eine hohe Abhängigkeit von der verbalen Ausdrucksfähigkeit der Kinder besteht (Smith et al., 1985), verbunden mit dem Problem der geringen Bereitschaft oder Fähigkeit gerade bei jüngeren Kindern, in ungewohnter Situation Geschichten nachzuerzählen oder nachzuspielen (Nieding, & Ohler, 2004). Auf der anderen Seite ist bei einer Befragung erst am Ende des Films damit zu rechnen, dass insbesondere intelligentere oder aus gebildeteren Elternhäusern stammende Kinder schlechtere Ergebnisse zeigen, weil sie "Film anschauen" nicht als kognitive Aufgabe betrachten (Salomon-Effekt; Renner, 1994). Durch den Beginn der Befragung schon zu einem frühen Zeitpunkt kann diesen Kindern klargemacht werden, dass hier Aufgaben zu lösen sind, die über ein einfaches Anschauen hinausgehen und damit ein höheres Maß an kognitiver Leistung erfordern (Salomon, 1984). Dies ist insbesondere zur Feststellung von Korrelationen mit dem vAG wichtig (deJong & Das-Smaal, 1995, Kyllonen, 1996).

Der Großteil dieser (wenigen) Untersuchungen wurde hauptsächlich in den 1980ern durchgeführt (z. B. Abelman, 1989; Smith, Anderson, & Fisher, 1985; Calvert, Huston, Watkins, & Wright, 1982), auf Grund der zwischenzeitlich deutlich veränderten Sehgewohnheiten bei Kindern gelten sie daher als nur bedingt zeitgemäß (Munk et al., 2012).

Neuere Untersuchungen nutzten deshalb andere Verfahren. Munk und Kollegen (2012) maßen mit eye-trackern die Blickbewegungen bei Filmsequenzen, in die Fehler eingebaut waren. Entsprechend früherer Versuche von d´Ydewalle, Desmet und Van Rensbergen (1998) bei Erwachsenen gehen sie auch für Kinder davon aus, dass die Kenntnis von Schnittregeln bei deren Verletzung zu Irritationen des Zuschauers und damit einhergehender Zunahme der Blick-bewegungen führt. Kirkorian und Kollegen konnten bei Messungen von Fixationszeiten fest-stellen, dass Erwachsene untereinander ähnliche Bildbereiche fixieren und insbesondere nach einem Umschnitt relativ schnell den Blick in die Bildmitte lenken, wohingegen Kinder nach einem Umschnitt mehrere Sekunden zur Orientierung brauchen (Kirkorian, Anderson, & Keen, 2012).

In allen Untersuchungen wurde eine Zunahme des generellen Verständnisses mit dem Alter festgestellt. Dabei scheinen Kinder im Vorschulalter bereits über Fähigkeiten zu verfügen, die ein Verständnis media-basierter Figuren und Symbole (media-symbolic literacy) ermöglichen (rudimentary skills; Potter, 1998). Abelman (1989) hatte z. B. festgestellt, dass Vierjährige in der Lage sind, Ran- und Wegsprünge (Hartschnitt zwischen Anfangs- und Endbild eines Ran- bzw. Wegzooms) zu verstehen. Beentjes, de Koning & Huysmans (2001) führten dies darauf zurück, dass dieser Effekt mit Alltagserfahrungen auch außerhalb filmischer Rezeption korrespondiert.

Unterschiedliche visual formal features scheinen unterschiedliche Anforderungen an die Verständnisleistung zu stellen. Eine entsprechende Einteilung wurde von d´Ydewalle und Vanderbeeken (1990) entsprechend der unterschiedlichen kognitiven Verarbeitungsanforderungen vorgenommen und für vier- bis achtjährige Kinder von Munk (2010) bestätigt: während der dritten Stufe zum Beispiel die zeitliche Rückblende zugeordnet ist, sind in der einfachsten Stufe zeitlich aufeinander folgende, rein räumlichen Versätze wie der Ran- oder Wegsprung sowie Zooms und insbesondere Schwenks zu finden. Für eine detaillierte Untersuchung sollten die visual formal features daher einzeln betrachtet werden.

3.2 Entwicklungspsychologische und neurobiologische Grundlagen

Die bezüglich des Schwenkverständnis untersuchten Kinder werden entwicklungspsychologisch der präoperationalen Periode (2-7 Jahre) zugeordnet (Oerter & Montada, 2002; Piaget, 1929), die zwischen präkonzeptioneller (2-4 Jahre) und intuitiver Phase (4-7 Jahre) unterschieden werden kann. Kinder der ersten, symbolisch-vorbegrifflichen Phase haben demnach noch keine Einsicht in Invarianz (Konstanz bzw. Erhaltung bei Veränderungen der visuellen Darstellung) von Mengen, Flächen etc., beiden Subphasen gemein ist neben dem Egozentrismus (Bezug des Kindes auf sich und seine Erfahrung) eine ausgeprägte Zentrierung in Wahrnehmung und Denken (Bundschuh, 2002), die einem Erfassen der Komplexität und Mehrdimensionalität der Wirklichkeit entgegen steht (Piaget 2000, Piaget & Inhelder 1980). Allerdings unterstützen Schwenks diese subjektive Schenswcisc, bei geringer Bildlast und Schwenkgeschwindigkeit sollten auch jüngere Kinder diese Schwenks verstehen (Beentjes, de Koning, & Huysmans, 2001). Für Zooms liegen Untersuchungen vor, die zeigen, dass sie bereits von 3-jährigen Kindern verstanden werden (Abelman, 1989), von 4jährigen bereits ähnlich gut wie statische Einstellungen (Smith et al., 1985).

(Filmtechnische) Schwenks stellen immer ein räumliches Nebeneinander dar, das durch ein zeitliches Nacheinander abgebildet wird. Davon ausgehend, dass visuelle Informationen in der rechten Hirnhälfte, zeitliche Aufeinanderfolgen in der linken Hemisphere verarbeitet werden (Barth, 1997; Birbaumer, Schmidt, 1996; Dudel, Menzel, Schmidt, 1996), ist eine entsprechende Verschaltung zwischen den beiden Gehirnhemisphären nötig. Diese entwickelt sich aber erst im Laufe der Kindheit (Gbedd et al., 1999; Luders, Thompson, & Toga, 2010). Es ist für Dreijährige mithin mit schlechteren Ergebnissen im Schwenkverständnis zu rechnen, zumal darüber hinaus auf Grund der höchsten Neuronendichte in diesem Alter mit verstärkten Inhibitionsproblemen (Logan & Etherton, 1994) und „cross talks", also dem Zugriff auf die stärkste, nicht unbedingt antwortrelevante Information (Oberauer & Kliegl, 2001) bzw. Belastung des AG mit Irrelevantem (Cowan, Hismjatullina, AuBuchon, & Saults, 2010) zu rechnen ist. Noch mangelnde Myelinisierung in diesem Alter (Case, 1995) bedeutet zudem eine höhere Reaktionszeit, die reziprok zur Gedächtnisspanne steht (Case, Kurland, & Goldberg, 1982).

3.3 Für das Schwenkverständnis relevante Faktoren

3.3.1 Visuelles Arbeitsgedächtnis (vAG)

Um einen Schwenk zu verstehen muss das Anfangsbild gemerkt und mit dem Endbild in einen räumlichen Bezug gebracht werden. Solche zumindest kurzzeitigen internen Repräsentationen von Wahrnehmungen, die in einem kognitiven Arbeitsspeicher gehalten und mit zeitlich verzögerten, aber inhaltlich darauf bezogenen Wahrnehmungen verknüpft werden, sind durch das Konzept eines Arbeitsgedächtnisses modelliert (Fuster, 1995; Baddeley, 1996; Goldman-Rakic, 1996; Überblick bei Miyake & Shah, 1999). Das Mehrstufen-Modell von Baddeley und Hitch (Baddeley & Hitch, 1974; Baddley, 2010), bestehend aus einer zentralen Exekutiven und den sprachlichen und visuellen Subspeichersystemen (*phonological loop* und *visuo-spatial sketch pad*), gilt für Erwachsene als grundsätzlich evident (Baddeley, 2003), auch wenn es mittlerweile Ergänzungen (z.B. *episodic buffer*, Baddeley, 2000) und Änderungen gibt. So wurde zum Beispiel eine Differenzierung des für die Speicherung visueller Eindrücke zuständigen visuellen Arbeitsgedächtnisses (vAG) in einen visuell-objekt-bezogenen („*what*") und einen visuell-räumlichen („*where*") Teil gefordert (Schumann-Hengsteler, 1995), die auch als passive und aktive Anteile (Mammarella, Pazzaglia, & Cornoldi, 2008) bzw. analog zur phonologischen Schleife als statische (*visual cache*) und dynamische (*inner scribe*) Komponenten (Logie, 1995) aufgefasst werden können. Im Rahmen des developmental fractionation-Ansatzes (Hitch, 1990) wurden für beiden Komponenten bereits unterschiedliche Entwicklungsläufe bzw. -geschwindigkeiten nachgewiesen (Logie & Pearson, 1997; Pickering, Gathercole, Hall, & Lloyd, 2001).

Das zerebral-lokale Analogon dieser Separation wurde z.B. durch die Feststellung unterschiedlicher Zunahmen des zerebralen Blutflusses während Erinnerungsaufgaben zu Objekten und räumlichen Standorten mittels Positronen-Emissions-Tomographie (PET) bestimmt (Courtney, Ungerleider, Keil, & Haxby, 1996). Während beide Aufgaben zu einer Aktivierung im rechten posterioren fusiformen Gyrus führen (Broadman Areal BA 19, siehe Talairach und Tournoux, 1988), aktiviert nur die visuell-räumliche Aufgabe beidseitig Bereiche im superior parietalen Kortex (BA7). Die Ladung visuell-räumlicher Arbeitsgedächtnis- und visueller Wahrnehmungsleistung von Bewegungen (wie zum Beispiel für Schwenks) auf gemeinsame distinkte zerebrale Bereiche (Slotnick, 2004) legt eine Verknüpfung dieser Kompetenzen nahe. Da das vAG insgesamt neben der Wahrnehmungsverarbeitung auch die -geschwindigkeit bestimmt (siehe z.B. Ackerman, Beier, & Boyle, 2002), ist von einem entsprechenden Zusammenhang zwischen vAG und SV auszugehen.

3.3.2 Intelligenz

Unabhängig davon, was Intelligenz ist bzw. darstellt (für eine Übersicht über verschiedene Theorien und Modelle siehe Kaufman, Kaufman, & Plucker, 2013), ist evident, dass Intelligenz und vAG bzw. Arbeitsgedächtnis (AG) eng miteinander verbunden sind - bzw. dass sich die Bereiche dessen, was diese Begriffe modellieren, überschneiden (Süß, Oberauer, Wittmann, Wilhelm, & Schulze, 2002); insofern scheint neben der Betrachtung der Intelligenz als möglichem Parameter des SV auch die Abgrenzung gegenüber dem vAG angebracht.

Noch in den 1990ern vermutete man, dass das AG *Spearman's g* entspricht (z. B. Jensen, 1998; Kyllonen, 1996), einem General-Faktor, der aller Intelligenz zu Grunde liegt. Obwohl die beiden Parameter hoch korrelieren, sind sie allerdings nicht identisch: eine Verbesserung der AG-Kapazität führt nicht unbedingt zu einer Erhöhung der Intelligenz-Werte (Colom et al., 2010). Basierend auf dem Cattel-Horn-Modell von fluider und kristalliner Intelligenz (Horn & Cattel, 1966; Horn & Noll, 1997) wurde die Annahme auf die Feststellung einer hohen Korrelation zwischen allgemeiner fluider Intelligenz und AG-Kapazität reduziert. Conway und Kollegen konnten zeigen, dass das AG ein guter Prädiktor für die fluide Intelligenz junger Erwachsener ist, im Gegensatz zum Beispiel zu anderen individuellen kognitiven Parametern wie Kurzzeit-gedächtnis oder Verarbeitungsgeschwindigkeit (Conway, Kane, & Engle, 2003; Conway et al., 2002, Süß et al., 2002). Auch für Kinder wurde das AG als Prädiktor der Intelligenz bestätigt (van Leeuwen, van den Berg, Hoekstra, & Boomsma, 2007).

Neurologisch geht Intelligenz analog der parieto-frontalen Integrationstheorie (P-FIT; Jung & Haier, 2007; für eine Übersicht siehe Haier, 2011) mit der Aktivierung distinkter (frontaler und parietaler) Hirnregionen einher. Bei intelligenzspezifischen Aufgaben werden unterschiedliche Gehirnbereiche entsprechend dreier unterschiedlicher Verarbeitungsstufen akti-viert (Colom et al., 2009): Verarbeitung der sensorischen Information (Stufe 1), Abstraktion, Symbolisierung und Prozessing (Stufe 2) und Hypothesentestung (Stufe 3). Dabei wurde Stufe 3 im Frontallappen lokalisiert, Stufe 2 in den parietalen Regionen (Gläscher et al., 2010; Luders, Narr, Thompson, & Toga, 2009; Narr et al., 2007), insbesondere im BA7, in dem auch die Aktivierung des vAG lokalisiert wurde (siehe 3.3.1).

Für Kinder im Vorschulalter deuten Untersuchungen (z. B. Roebers & Zoelch, 2005) be-reits auf die Gültigkeit einer mehrgliedrigen Arbeitsgedächtnisstruktur wie bei Erwachsenen hin,

Arbeiten von Alloway, Gathercole und Pickering (2006) unterstützen zudem die Annahme einer dreigliedrigen Struktur des Arbeitsgedächtnisses, die sich bereits im Alter von vier Jahren etabliert hat, mit visuell-räumlichem Notizblock. Die Entwicklung des präfrontalen Kortex andererseits beginnt erst spät (Luna, Thulborn, Munoz, Merriam, Garver, Minshew, Keshavan, Genovese, Eddy, & Sweeney, 2001), so dass fraglich ist, ob der Einfluss der Intelligenz in der untersuchten Altersgruppe bezüglich des SV über den des vAG hinausgeht, bzw. ob sich hier die (insbesondere räumliche) Intelligenz nicht auf das vAG reduzieren lässt.

3.3.3 Untersuchte Parameter

Da das Wesen eines Schwenks darin besteht, mindestens zwei Objekte räumlich zu verbinden (je eines im Start- und Endbild), muss sich das Kind mindestens zwei Objekte merken können, bei einfachen Schwenks mit nur diesen zwei Objekten muss zumindest eines bzw. seine relative Lage memoriert werden können. Ich gehe daher davon aus, dass das SV mit entsprechenden Stufen der *vAG-Leistung* korreliert. Für die älteren Kinder der untersuchten Altersgruppe wurde eine Altersabhängigkeit dieser Leistung festgestellt (Fry & Hale, 2000; Kail, 1991; Schmid, Zoelch, & Roebers, 2008; Swanson, 1999; Vuontela, Steenari, Carlson, Koivisto, Fjällberg, & Aronen, 2003), so dass auch insgesamt für die untersuchte Altersgruppe eine solche Abhängigkeit vom *Alter* erwartet wird.

Da die vAG-Leistung bei Jungen in der untersuchten Altersgruppe höher als bei Mädchen ist (Pittorf et al., 2014a) erwarten wir daher auch eine Abhängigkeit des SV vom *Geschlecht*. Mit der Abhängigkeit der individuellen *Wahrnehmungsgeschwindigkeit* von Alter, Geschlecht und vAG (ebd.) ist ebenfalls von einer entsprechenden Korrelation über diese Komponenten auszugehen. Sie dürfte insbesondere eine Rolle spielen im Zusammenhang mit der Schwenk-geschwindigkeit (als Reziprok der Zeit zwischen Anfangs- und Endstandbild): Ist der Schwenk zu langsam, kann der Bezug zwischen Anfangs- und Endbild verloren gehen, ist er zu schnell, sind ggf. Elemente in der Bewegungsphase nicht mehr zu erkennen bzw. bei zu schneller Abfolge nicht mehr korrekt kognitiv zu verarbeiten. Allerdings wird die Wahrnehmungsgeschwindigkeit bei der Messung des vAG über die Darbietungsdauer der Items bereits berücksichtigt, es sollten deshalb schnelle und langsame Schwenks zusätzlich separat betrachtet werden. Es ist zu erwarten, dass es dann zu Schwierigkeiten im Verständnis kommt, wenn bei langsamen Schwenks die Leistung des vAG nicht ausreicht und insbesondere bei schnellen Schwenks die Wahrnehmungs-geschwindigkeit bei relevanten Elementen in der Schwenkphase zu gering ist.

Schwenks gehören offensichtlich zu den natürlichen Wahrnehmungssituationen, wie sie auch außerhalb von Filmerlebnissen z. B. durch Kopfbewegung erzeugt werden können. So konnten Hobbs und Kollegen bei Erwachsenen, die vorher noch keine Filme gesehen hatten, zeigen, dass diese dennoch Filmschwenks verstehen können (Hobbs, Frost, Davis, & Stauffer, 1988). Es ist daher nicht von einer Leistung auszugehen, die prinzipiell Fernseherfahrung erfordert. Allerdings ist vorstellbar, dass es zu einer erleichterten Wahrnehmung durch Lerneffekte in Abhängigkeit vom *individuellen Fernsehkonsum* kommt, d h., dass bei vorhandenen kognitiven Grundfähigkeiten ein häufigeres Sehen von Filmen und insbesondere Schwenks zu einer Verbesserung des Verständnisses führt (weil z. B. die Erfahrung gemacht wurde, dass eine einmal begonnene Schwenkbewegung nur in die gleiche Richtung fortgeführt wird, und die Aufmerksamkeit entsprechend gerichtet werden kann oder weil vielleicht bestimmte (Serien-) Figuren oder Örtlichkeiten aus früheren Fernseherlebnissen bereits bekannt sind und nicht mehr neu zugeordnet werden müssen).

Ein Zusammenhang zwischen vAG und Fernsehkonsum ist nicht auszuschließen, da einerseits z.B. Videospiele das vAG verbessern (Wilms, Petersen, & Vangkilde, 2013), andererseits Kinder mit einem höheren vAG als angenommener Grundlage für Filmverständnis vielleicht auch lieber (und mehr) Fernsehen, da sie in diesem Fall einen höheren Nutzen daraus ziehen können (Weiner, 1972). Aus gleichem Grund ist auch eine Geschlechtsspezifik beim Fernsehkonsum nicht auszuschließen.

3.3.4 Weitere Faktoren

Gerade bei Kindern spielt für das Verständnis üblicher TV-Beiträge sicherlich auch die sprachliche Entwicklung in soweit eine Rolle, als sie den relevanten Inhalt der Audio-Komponente verstehen müssen. Ist dies sichergestellt, ist nicht davon auszugehen, dass darüber hinaus Varianz durch Variabilitäten im Sprachverständnis erklärbar ist.

Als mögliche weitere intra-personelle Faktoren kommen z.B. *Intelligenz, motorische, emotionale* oder *soziale Kompetenz* sowie *genetische Disposition* in Betracht, als äußere Faktoren z.B. *Bildungsstand* oder *sozioökonomischer Status des Elternhauses*.

Genetische oder sozio-ökonomische Faktoren lassen sich entsprechend durch den Bildungsstand bzw. Schulabschluss der Eltern darstellen (Deary, Spinath, & Bates, 2006; Branigan, Callum, & Freese, 2013; Turkheimer & Horn, 2014). Auch insgesamt ist bei den intra-personellen Faktoren für Kinder der untersuchten Altersgruppe die Korrelation mit dem Bildungsstand der Eltern sehr hoch zu erwarten (Burger, 2012; PISA 2001, 2004, 2007), sodass fraglich ist, ob sich Zusammenhänge mit den entsprechenden Kompetenzen nicht primär darauf zurückführen lassen.

Die Eltern wurden deshalb bei den folgenden Versuchen schriftlich nach ihrem Schulabschluss befragt. Eine dezidierte Auswertung erschien allerdings nicht möglich bzw. sinnvoll, da sich Relevanz dieses Faktors nur zeigte, nachdem der Einfluss von Alter und vAG rechnerisch eliminiert wurde, belastbare Aussagen durch entsprechende Partialisierungen erschienen auf Grund der dafür zahlenmäßig zu geringen Daten (N = 37) nicht möglich.

Darüber hinaus wurden bei den folgenden Versuchen die Erzieherinnen zu verschiedenen Zeitpunkten um ihre Einschätzung des sprachlichen, motorischen und allgemeinen Entwicklungsstandes sowie der Intelligenz der Kinder gebeten. Die Ergebnisse, die als erster Überblick gedacht waren und zu diesem Zweck als probat gelten dürfen (Fraser, Walberg, Welch, & Hattie, 1987), zeigten den erwarteten hohen Zusammenhang zwischen diesen (Intelligenz-) Parametern, insbesondere auch zum Bildungsstand der Eltern, allerdings allenfalls nur geringe Korrelationen mit dem SV.

Ein *BBK 3-6* (*Beobachtungsbogen für 3-bis 6-jährige Kinder,* Frey, Althaus, & Duhm, 2008) zur Erfassung kognitiver Kompetenzen, der am Ende der Untersuchungsreihe mit vierzig (der jüngeren) Kinder durchgeführt wurde, zeigte ebenfalls hohe Korrelationen zu den anderen Parametern, insbesondere auch zum vAG und SV. Allerdings kann es hier bereits zu entsprechenden Lerneffekten gekommen sein, die am Ende der Arbeit noch diskutiert werden. Um Fehlinterpretationen zu vermeiden wurde deshalb auch auf eine entsprechende Berücksichtigung der Ergebnisse des BBK 3-6 in dieser Arbeit verzichtet.

Insgesamt sind Aussagen auch auf Grund der geringen Differenzierungsmöglichkeit im Schwierigkeitsgrad der Aufgabenstellungen im Kindergartenalter schwierig. Dennoch lassen sich die in Abschnitt 3.3.3 gefundenen Parameter als Hauptfaktoren identifizieren, auch wenn darüber hinaus Zusammenhänge mit dem SV, insbesondere der motorischer Kompetenzen oder der Intelligenz (über das vAG hinaus), nicht auszuschließen sind.

4. Methode zur Untersuchung des kindlichen Verständnisses filmtechnischer Elemente: *Teddy TOM Test (TTT)*

Dieses Kapitel basiert auf den folgenden Veröffentlichungen und wurde für diese Dissertation aktualisiert und erweitert:

Pittorf, M. L., Huckauf, A., & Lehmann, W. (2010). Zum kindlichen Verständnis der typischen technischen Filmelemente Schwenk und Umschnitt. *Medien und Erziehung: Mediengebrauch von Kindern im Alter von 0 bis 6 Jahren, 54* (6), 94-105.

Pittorf, M. L., Lehmann, W., & Huckauf, A. (2014b). The Understanding of Pans in 3- to 6-year-old Children. *Media Psychology, 17(3)*, 332-355 .

4.1 Besonderheiten bei der Befragung jüngerer Kinder

Viele kognitive Fähigkeiten entwickeln sich bereits in der frühen Kindheit, wie Wahrnehmung (z.B. Quinn & Eimas, 1996), Aufmerksamkeit (Diamond, 1988; Goldman-Rakic, 1987) Gedächtnisleistung (z. B. Hartshorn et al., 1998) und (andere) exekutive Funktionen (Diamond, 2002; Welsh 2002; Welsh & Pennington, 1988), linguistische oder motorische Kompetenzen (siehe Klenberg, Korkman, & Lahti-Nuuttila, 2001). Darüber hinaus scheinen diese frühen Ausprägungen die spätere Entwicklung vorherzusagen, wie zum Beispiel beim Arbeitsgedächtnis (Baddeley, 2010), das als Prädiktor für spätere Schulkompetenzen gilt (Alloway, Gathercole, Kirkwood, & Elliott, 2009; Alloway et al., 2005; Bull, Espy, & Wiebe, 2008). Daher wäre es wichtig, zu wissen, wie sich kognitive Funktionen entwickeln bzw. verändern, um zum Beispiel kognitive Schwächen schon früh erkennen und entsprechende Defizite abbauen zu können. Allerdings ist dieses Wissen noch sehr begrenzt.

Ein wichtiger Grund dafür ist der Mangel an entsprechenden standardisierten Untersuchungen für kognitive Funktionen jüngerer Kinder. Der Einsatz solcher entwicklungspsychologischer Untersuchungen wie Fragebögen wird für vierjährige oder noch jüngere Kinder bislang allerdings durch verschiedene Faktoren begrenzt, z.B. unzureichende Sprachkenntnisse oder -fähigkeiten beim Verständnis oder der Beantwortung der Fragen (Moriguchi, Okanda, & Itakura, 2008; Scullin & Bonner, 2006), Irritationen durch fremde Tester, sowie motivationale oder emotionale Schwierigkeiten (z. B. Alexander et al., 2002). Darüber hinaus zeigen Drei- und Vierjährige bei Befragungen durch Erwachsene einen starken Ja-Bias, d. h., sie antworten auf geschlossene Fragen bevorzugt mit ja (Okanda, Kanda, Ishiguro, & Itakura, 2013).

4.2 Kindgerechte interaktive Untersuchungsmethode

Gerade bei Untersuchungen zum Filmverständnis wird der Mangel an standardisierten Tests deutlich: heutzutage nutzen bzw. konsumieren Kinder Medien schon früh, sowohl zu Hause als auch im Kindergarten, allerdings ist es bislang unklar, wie viel z. B. Dreijährige davon tatsächlich verstehen. Obwohl für das Verständnis nahezu aller TV-Programme und -beiträge wiederum das Verständnis von Umschnitten (transitions) grundlegend notwendig ist, gibt es dazu bislang kaum Untersuchungen (Anderson & Hanson, 2010).

Um das Verständnis eines filmtechnischen Mittels zu überprüfen scheint es deshalb aus den in Kapitel drei erläuterten Gründen gerade bei jüngeren Kindern angebracht, die Fragen nicht erst am Ende des gesehenen Filmes zu stellen, sondern direkt nach der zu bewertenden Szene. Die richtige Antwort sollte sich nur aus dem Verständnis des technischen Filmmittels (Schwenk oder Umschnitt) ergeben. Allerdings würde eine solche ständige Unterbrechung des Films durch den Versuchsleiter eine herkömmliche Befragung nicht nur schwierig machen, sondern es bliebe auch fraglich, ob dadurch nicht zuletzt das Wesentliche eines Films, die un-unterbrochene Bildabfolge, verloren ginge. Deshalb bietet sich eine entsprechende interaktive Befragung durch eine Figur aus dem Video heraus an.

Auf dieser Grundlage habe ich einen Testfilm entwickelt und produziert, der auf einem quasi-interaktiven Szenario zwischen dem Kind und einem kindgerechten Avatar beruht (*Abb.1*).

Um Probleme, die ein Kind möglicher Weise mit der Befragung durch einen ihm unbe-kannten erwachsenen Versuchsleiter hat, zu vermeiden (ebenso wie z.B. den Einfluss der Mutter), übernimmt ein Teddy aus einem Video heraus die Aufgabe des Interviewers. Dadurch können auch weitere Probleme, wie der *yes-bias* gegenüber Erwachsenen vermieden werden, denn bei nicht-humanoiden Befragern wurde dieser Bias nicht festgestellt (Okanda et al., 2013). Durch die Form dieses individuell erscheinenden Frage-und-Antwort-Spiels mit einem Kuscheltier als "Videospiel" war (bei hohem Spiel- und Spaßfaktor) eine hohe Akzeptanz zu erwarten, ebenso wie die Bereitschaft der Kinder, mit dem Teddy zu interagieren und damit die Fragen zu beantworten.

Damit konnte auch ein niedriges Niveau sprachlicher Anforderung als weitere Voraus-setzung erfüllt werden, da durch die visuelle Darbietung im Video zusätzliche Erklärungen oder auch Lösungsvorschläge angeboten werden können. Es können zum Beispiel auch Antworten akzeptiert werden, wenn das Kind bei einer entsprechenden Auswahlmöglichkeit auf den Bildschirm zeigt.

Abb. 1: Teddy Tom *stellt den Kindern Fragen, die sie direkt beantworten - der Film wird solange angehalten.*

4.3 Berücksichtigung spezifischer Schwenkmerkmale

Für die Untersuchung von Schwenks scheint es nahe liegend, über die oben erwähnten intra-individuell variablen Faktoren wie Gedächtniskapazität hinaus Merkmale des Schwenks als wesentliche Faktoren zu betrachten, die das Verständnis beeinflussen. Hierzu zählt zunächst der **Bildinhalt** bzw. seine Komplexität: tatsächlich dauert es länger, bis Rezipienten, zumal Kinder, ein komplizierteres Bild erfasst haben (Troseth, Pierroutsakos, & DeLoache, 2004). Gerade bei der Aufgabenstellung wurde deshalb darauf geachtet, dass diese zu erbringende Memory-Leistung der Kinder gering gehalten wird (wenig Bildinhalt) und die Antworten direkt nach dem Sehen der Szene und nicht zu einem späteren Zeitpunkt abgefragt werden. Auch von der Einstellungslänge (Gesamtdauer von Anfangs-, Endbild und Schwenkbewegung) her sollen Kinder die Möglichkeit haben, im Rahmen ihrer kognitiven Speicherkapazität alle Objekte im Bild erfassen zu können; ist dieses Erfassen des Bildes vor der Schwenkbewegung nicht abgeschlossen, können Kinder die Aufgabe eventuell dann nicht richtig lösen, wenn genau nach solchen Elementen gefragt wird. Es wurde deshalb sicher gestellt, dass - unabhängig von der Schwenkgeschwindigkeit - das Bild vor dem Schwenk genügend lang „steht": Die Regel: je komplexer das Bild ist, desto länger muss die Präsentationszeit im Allgemeinen sein, wurde auch in den verwendeten Szenen angewendet. Die

Schwenkgeschwindigkeit, als Reziprok der Zeit zwischen Anfangs- und Endstandbild, ist ein weiteres Charakteristikum eines Schwenks. Ist der Schwenk zu langsam, kann der Bezug zwischen Anfangs- und Endbild verloren gehen, ist er zu schnell, sind ggf. Elemente in der Bewegungsphase nicht mehr zu erkennen. Die in der Untersuchung verwendeten Schwenk-dauern, schnell (1 Sekunde) bis langsam (4 Sekunden), sind auch für Kinderfilme üblich. Demnach sollte die Schwenkdauer keine Schwierigkeit für Kinder darstellen. Wir erwarten aber, dass es zu Schwierigkeiten im Verständnis kommen kann, wenn insbesondere bei schnellen Schwenks die Wahrnehmungsgeschwindigkeit bei relevanten Elementen in der Schwenkphase zu gering ist bzw. bei langsamen Schwenks die Leistung des VAG nicht ausreicht.

4.4 Pilottest (*TTT pre*)

Es wurde zunächst ein Pilottest (*TTT pre*) entwickelt und produziert, in dem der kleine Teddy Tom eine kurze Geschichte erzählt und den Kindern Fragen stellt. Der Film ist im ZDF-Standard auf DvcPro50 mit einem Seitenverhältnis von 4:3 gedreht, auf einem AVID Media Composer 5.3 ® geschnitten, und für die Darstellung auf einem Laptop-Monitor in ein SD-Video-Format (PAL 768 x 576 Pixel) gewandelt. Der Ton ist in mono aufgezeichnet, es "spricht" nur der Teddy, es gibt keine weiteren Geräusche oder Musik.

Die Szenen und Fragen sind so konzipiert, dass sich die richtige Antwort allein aus dem Verständnis des Schnittelementes ergibt. Es wurde mit möglichst einfachen gestalterischen Mitteln und kindgerechten Elementen gearbeitet. Die auftretenden Charaktere sind Tierhand-puppen, die per Ultramatte-Verfahren vor einfache graphische Hintergründe gekeyed wurden.

Mit dem *TTT pre* wurde zunächst eine Gruppe von 67 Kindern im Alter von 4 bis 10 Jahren getestet. Durch ein paar „warming-up" Fragen (zu Namen, Alter und Spielbereitschaft des Kindes) mit vorhersehbaren Antworten und Bezugnahme des Teddys auf eben diese Antworten entstand bei den Kindern offensichtlich schnell das Gefühl, mit dem Teddy im Zwie-gespräch zu sein. Durch einfache Fragen zu Beginn war der Spaßfaktor für die Kinder hoch, der Versuchsleiter selbst wurde gerade von jüngeren Kindern schnell vergessen bzw. ausgeblendet. Manche Kinder (verschiedenen Alters) antworteten so schnell, dass der Film gar nicht angehalten werden musste, bei anderen dauert die Befragung insgesamt bis zu etwa zwei Minuten.

Damit konnte in der Voruntersuchung gezeigt werden, dass durch diese interaktive Frageform nicht nur eine hohe Aufmerksamkeit und Motivation der jungen Zuschauer erreicht wird, sondern dass damit auch Fragen gestellt werden können, die einen direkten Rückschluss auf das Verständnis des entsprechenden filmtechnischen Elements zulassen. Die vorgestellte

Testmethode erwies sich insgesamt als sehr gut für Kinder geeignet, da sie mit einer kind-gerechten virtuellen Figur „kommunizieren" können. Selbst Kinder, die nach Angabe der Erzieherinnen schüchtern sind oder bei denen eine Befragung durch Fremde als schwierig gilt, konnten mit Hilfe des Teddys problemlos befragt werden. Die Methode hat zudem eine hohe Reproduzierbarkeit und ist quasi vom Versuchsleiter unabhängig, sie bietet sich daher auch für andere Untersuchungen gerade bei kritischen Versuchspersonen in dieser Altersgruppe an.

Die unter Berücksichtigung dieser Parameter entwickelten weiteren Teddy Tom Tests werden ab Kapitel 6 vorgestellt. Im folgenden Kapitel soll zunächst die Entwicklung eines Tests zur Bestimmung des visuellen Arbeitsgedächtnisses vorgestellt werden.

5. Zur Bestimmung des visuellen Arbeitsgedächtnisses bei drei- bis sechsjährigen Kindern: *Matrix Film Battery Test (MFBT)*

Dieses Kapitel basiert auf dem folgenden Artikel, der für die Dissertation angepasst und erweitert wurde:

Pittorf, M. L., Lehmann, W., & Huckauf, A. (2014a). Visual working memory and perception speed of 3- to 6-year-old children tested with a Matrix Film Battery Test. *Early Child Development and Care, 184* (6), 843-854.

5.1 Bisherige Untersuchungen

Zur Bestimmung der Leistungsfähigkeit des visuellen Arbeitsgedächtnisses (vAG) werden bei älteren Kindern üblicherweise Aufgaben vom Typus *„block recall"* (Corsi, 1972) wie in der W*orking Memory Test Battery For Children (WMTB-C)* von Pickering und Gathercole (2001) oder *„Mazes Memory"* (Pickering, Gathercole, Hall, & Lloyd, 2001) verwendet. In den Corsi-Block-Aufgaben sind dabei mehrere einfache Objekte (beispielsweise Würfel) gleichzeitig abgebildet, von denen eines kurz aufleuchtet und auf das der Proband zeigen soll. Bei richtiger Antwort wird die Anzahl der nacheinander leuchtenden Objekte jeweils erhöht.

Angelehnt sind diese Methoden an Untersuchungen zur phonologischen Schleife („reading span", „backward reading span", etc.), so dass die zu merkenden Items immer nur nacheinander angeboten werden. Visueller Input besteht aber zunächst nicht aus seriellen, sondern aus gleichzeitig angebotenen visuellen Elementen. Dies wird in „change detection paradigm"-Untersuchungen besser abgebildet (Curby & Gauthier, 2007; Luck & Vogel, 1997). Dazu wird zunächst ein Bild mit verschiedenen Objekten gezeigt, in einem zweiten Bild sind einige der Objekte verändert. Luck und Vogel (1997) haben festgestellt, dass Erwachsene drei bis vier geänderte Objekte (unabhängig von ihrer Komplexität) richtig feststellen können, für Schulkinder wurden geringere Leistungen festgestellt (z. B. Cowan, Elliot, Saults, Morey, Mattox, Hismjatullna, & Conway, 2005).

Wahrnehmungserfahrung begünstigt dabei nur die Auflösung der Repräsentation, nicht aber die Anzahl der Objekte (Scolari, Vogel, & Awh, 2008), vielmehr repräsentiert das visuelle AG eine fixe Anzahl von Items, nicht aber ihre Komplexität (Awh, Barton, & Vogel, 2008; Cowan & Rouder, 2009). Für jüngere Kinder bietet sich daher in Anlehnung an den "Visual Pattern Test" (Della Sala, 1979) ein Matrizentest (Schmid et al., 2008) als einfache Form der change detection an, da hier der Verarbeitungsaufwand altersgerecht gering eingeschätzt wird, im Zusammenhang mit der räumlichen Komponente aber als guter Indikator für das Arbeitsgedächtnis gelten kann (Oberauer, 1993, 2005). Durch unterschiedliche Anzahl der Items kann nicht nur die Arbeitsgedächtniskapazität bestimmt werden, sondern durch Variation der Darbietungsdauer lässt sich auch die entsprechende Verarbeitungs- bzw. Wahrnehmungsgeschwindigkeit messen.

5.2 Wahrnehmungsgeschwindigkeit

Während die Kapazität des vAG durch die Anzahl der erinnerten bzw. replizierten Items definiert ist, kann die Wahrnehmungsgeschwindigkeit als invers proportional zur Präsentationsdauer der Matrizen gefunden werden: Je kürzer die Matrizen gezeigt werden desto höher muss die Wahrnehmungsgeschwindigkeit sein. Daher müssen die Ergebnisse des Matrizentests immer in Abhängigkeit von der Präsentationsdauer betrachtet werden. Sinnvoll erscheinen für die vorliegenden Untersuchungen Darbietungslängen, wie sie typisch für Film- bzw. TV-Schnitte sind (langsame fünf Sekunden, normale drei Sekunden, schnelle eine Sekunde), da angenommen werden kann, dass umgekehrt diese Zeiten in der Fernsehpraxis gewählt werden, weil sie den visuellen Bedürfnissen eines (erwachsenen) Publikums am besten entsprechen.

5.3 Videobasierter Matrizentest

Soweit mir bekannt war, existierte bislang kein entsprechender Test für Kinder ab drei Jahren, deshalb habe ich ein altersgerechtes Verfahren in Form eines Matrizentest (Logie & Pearson, 1997; Gathercole, Pickering, Ambridge, & Wearing, 2004) entworfen und produziert (Pittorf et al., 2014a).

Da Ergebnisse von mehr als drei Items für ältere Kinder zu erwarten waren, schien eine 3x3-Matrix, wie sie z.B. von Schmid et al. (2008) für Vierjährige genutzt wurde, nicht geeignet: Bei drei und mehr Items entsteht immer *chunking* und *clustering* (*Abb. 2 A-D*), so dass tatsächlich weniger (wenn auch größere) Items zu erinnern sind. Deshalb wurde eine Matrix mit 4x4 grauen Feldern und zunehmender Anzahl schwarzer Felder (Items) gewählt (*Abb. 2 E und F*).

Es wurden Videos mit Standbildern (*stills*) dieser Matrizen erzeugt, die so - separiert durch ein schwarzes Bild (*black*) - distinkte Zeiten präsentiert werden können. Jedes Video besteht aus acht stills distinkter Länge (1, 3 oder 5 Sekunden) und distinkter Anzahl von Items (1-8), so dass pro Testsession 24 Filme zur Verfügung standen. Für multiple Testsessions wurden drei dieser Video-Pakete produziert, so dass insgesamt 72 Filme mit 576 Matrixstills zur Verfügung standen.

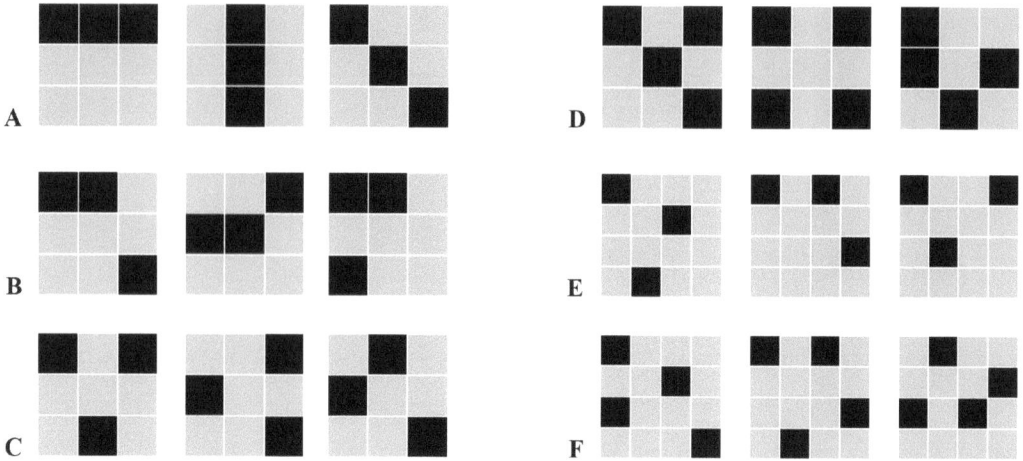

Abb. 2: *Eine 3x3-Matrix führt schon für drei Items zwangsläufig zu clustern (A und B) oder symmetrischen Bildern (C), bei vier Items entstehen zwangsweise Bilder wie "X ohne Ecke" (D). Bei einer 4x4-Matrix lässt sich dieses chunking für drei (E) oder mehr Items (F) vermeiden.*

In einem Vorversuch hatte ich zunächst graue Matrix-stills nach jeder Test-Matrix mit in das Video eingefügt, das Kind sollte dann auf die leeren Felder zeigen, wo zuvor die Items präsentiert worden waren. Dies funktionierte allerdings nicht, da die Kinder schon während der Präsentation der Testmatrix auf die entsprechenden Stellen zeigten. Das gleiche passierte, als ich den Kindern eine der leeren Matrix auf dem Monitorbild entsprechende Papptafel vorlegte. Schließlich erwies sich eine Variante als gut durchführbar, bei der ich den Kindern die Matrix-Pappe und entsprechende schwarze Pappkärtchen erst nach dem Verschwinden der Test-Matrix auf dem Bildschirm aushändigte. Falls dabei Kärtchen zu Boden fielen, wurde die Aufgabe mit dem nächsten Matrix-Bild wiederholt, dafür waren jeweils drei stills pro Level als Reserve. Die Durchführung des Tests wird in Kapitel 8 erläutert.

6. Verständnis filmtechnischer Elemente von Kindern im Grundschulalter

Dieses Kapitel basiert auf der folgenden Veröffentlichung und wurde für diese Dissertation aktualisiert und erweitert:

Pittorf, M. L., Huckauf, A., & Lehmann, W. (2010). Zum kindlichen Verständnis der typischen technischen Filmelemente Schwenk und Umschnitt. *Medien und Erziehung: Mediengebrauch von Kindern im Alter von 0 bis 6 Jahren, 54* (6), 94-105.

6.1 Fragestellung und Hypothesen

In der Studie in diesem Kapitel geht es um die Frage, in wieweit Kinder im Alter von vier bis zehn Jahren in der Lage sind, filmtypische Elemente zu verstehen. Schwenks und Umschnitte sind die einfachsten Bildführungselemente, die in jedem Film - auch speziell Kinderfilm - enthalten sind, sie sollten also auch von den meisten Kindern verstanden werden:

1. Ab welchem Alter können Kinder einen Schwenk zweifelsfrei verstehen?

Es wird angenommen, dass Kinder bereits sehr frühzeitig (im Alter von vier Jahren) einen Schwenk verstehen können, wenn es während des Schwenks eine Phase gibt, in der gleichzeitig Elemente des Anfangs- als auch des Endbildes des Schwenks zu sehen sind. Das Verständnis komplizierter Schwenks, die ein Raumverständnis des Kindes über den gerade sichtbaren Bereich des Bildes hinaus erfordern, ist wesentlich später zu erwarten.

2. Ab welchem Alter können Kinder einen Umschnitt verstehen?

Ein seitlicher Umschnitt in der gleichen Bildebene („Seitsprung") entspricht dem Anfangs- und Endbild eines Schwenks ohne den bewegten Mittelteil. Bei einem Seitsprung mit gemeinsamen Elementen im Bild vor und nach dem Umschnitt überlappen sich sogar Anfangs- und Endbild eines Quasi-Schwenks. Diese einfachste Form eines Umschnittes sollte daher ähnlich früh verstanden werden wie ein einfacher Schwenk. Ein Umschnitt in die räumliche Tiefe („Ransprung") ist für einen Erwachsenen sehr leicht verständlich. Aufgrund der kognitiven Voraussetzungen werden für Vorschulkinder, Grundschülerinnen und -schüler aber erhebliche Verständnisschwierigkeiten erwartet.

Tab. 1: *Stichprobe*

Alter/Jahre	4	5	6	7	8	9	10
Gesamt	20	24	28	25	33	26	12
Jungen	12 (60%)	11 (46%)	16 (57%)	11 (44%)	19 (58%)	10 (38%)	7 (58%)
Mädchen	8	13	12	14	14	16	5

6.2 Methode

6.2.1 Stichprobe

An der Hauptuntersuchung nahmen 168 Kinder im Alter von vier bis zehn Jahren aus einer Grundschule und zwei Kindergärten aus Magdeburg (Sachsen-Anhalt) teil (*Tab. 1*).

6.2.2 Stimulus: TTT intro

6.2.2.1. Inhaltliche Konzeption. Dem interaktiven Film aus dem Vorversuch (*TTT pre*) wurden zusätzlich Schwenks und Umschnitte unterschiedlicher Geschwindigkeit und Komplexität hinzugefügt und die Reihenfolge so angepasst, dass sich eine nachvollziehbare Geschichte als Rahmenhandlung ergibt: Der Teddy geht von zu Hause in die Schule, wo er seine Freunde trifft und mit denen er in verschiedenen Unterrichtsfächern Aufgaben zu lösen hat. Dabei bittet er die Kinder um ihre Hilfe.

Nach einem für TV-Filme üblichen eingeblendeten bunten Titel erscheint der Teddy Tom, ein Kuscheltier, stellt sich selbst kurz vor, und fragt dann das Kind, wie es heißt, wie alt es ist und ob es Lust hat, mit ihm zu spielen. Es gibt nur einen „Teddy Tom" - Sprecher, keine Geräusche oder Musik, die Gesamtlänge des Films *TTT intro* (ohne Unterbrechungen) beträgt drei Minuten 32 Sekunden. Nach jeder Frage wurde der Film angehalten, die Kinder hatten dann beliebig Zeit für eine Antwort, erst dann wurde der Film fortgesetzt. Um nicht in die Kommunikation eingreifen zu müssen war die Antwort „ich weiß nicht" erlaubt, auch wenn dadurch die Ratewahrscheinlichkeit nicht eindeutig für die einzelnen Aufgaben bestimmt werden konnte. Das Anhalten des Films wurde über eine Funkmaus initiiert, so dass für das Kind die folgende Pause nicht mit dem Versuchsleiter in Verbindung gebracht zu werden brauchte und der "Dialog" zwischen Teddy und Kind nicht unterbrochen wurde.

Die Antworten wurden aufgezeichnet. Nach dem Film wurden die Kinder noch einmal nach ihren Antworten und den Begründungen gefragt.

6.2.2.2 Szenenabfolge. Von den insgesamt zehn Szenen sollen hier sechs vorgestellt werden, die sich dadurch auszeichnen, dass sie von fast allen zehnjährigen Kindern verstanden bzw. dass sie von keinem Zehnjährigen falsch beantwortet wurden: Die Schwierigkeitsvariation wird durch das Verständnis der Zehnjährigen also gewissermaßen kalibriert. Die einzelnen Szenen sind im Appendix A. 1 noch einmal im Rahmen der Shotlist aufgeführt.

Bilderfassung „Bälle". Fünf unterschiedlich große Kreise vor schwarzem Hintergrund sollen gezählt und ihre Farben *weiß, rot, blau, grün, gelb* benannt werden. Während des gesamten Filmes wird auf die Begriffe „rechts" und „links" verzichtet, stattdessen werden Farben als Zuordnungsvariablen eingesetzt. Mit dieser Einstellung sollten in erster Linie Farbfehlsichtigkeiten festgestellt und simultanes Erfassen überprüft werden. Bei der Angabe falscher Farben wurde im Anschluss an den Film eine Farbsichtigkeitsprüfung durchgeführt.

Langsamer kurzer Schwenk „Apfel". Langsamer senkrechter Runterschwenk von gelbem auf roten Apfel, beide sind zwischendurch gleichzeitig zu sehen, dann roter Apfel allein im Bild. Die Frage, welcher der beiden Äpfel höher hängt, wird von Teddy Tom „aus dem OFF" gestellt- er ist bei der Frage also nur zu hören, aber nicht zu sehen.

Langer langsamer Hin- und Rückschwenk „Haken", Zuordnung in den nicht mehr sichtbaren Raum (Abb. 3). Langsamer Schwenk von rechts nach links über vier einfache graphische Symbole, die als „Kleiderhaken" bezeichnet werden. Beim 2. Haken (Herz) sagt der Teddy, dass dies *sein* Haken sei. Beim vierten Haken schwenkt die Kamera senkrecht nach unten auf einen einfarbigen Hocker. Der Teddy erzählt im Off, dass unter jedem Haken ein Hocker steht. Die Kamera schwenkt langsam von links nach rechts über die vier Hocker, so dass die darüber befindlichen Haken nicht zu sehen sind. Der vorletzte Hocker (unter dem Herz) ist rot, der letzte grün. Der Teddy fragt (auf das Bild des grünen Hockers): „Weißt Du, welcher mein Hocker ist?"

Abb. 3, oben: *Dieses Raumbild muss in der Aufgabe „Haken" mental erstellt werden. Dazu wird ein langsamer Schwenk gezeigt* (**unten**): *von rechts nach links über die Haken mit den Symbolen, vom Stern auf den gelben Hocker, dann von links nach rechts zum grünen Hocker.*

Seitsprung (Umschnitt, der in der Ebene bleibt) mit gemeinsamen Bildanteilen **„Freunde".** Zwei Tierpuppen sind zu sehen, links ein rosa Schwein, rechts eine gelbe Ente. Im nächsten Bild ist die Ente links noch im Anschnitt zusehen, rechts die Kuh. Frage aus dem OFF: „Wer von den Dreien steht in der Mitte?"

Ransprung (Umschnitt in die räumliche Tiefe) mit gemeinsamen Bildanteilen **„Käfer" (Abb. 4).** Man sieht links einen gelben Ball, rechts Blumen. Die Stimme aus dem OFF: „Sieh mal genau hin! Zwischen dem Ball und der Blume sitzen zwei Käfer, ein heller und ein dunkler". Auf dem nächsten Bild sieht man links den Ball im Anschnitt, daneben in der Mitte einen hellen und rechts einen dunklen Käfer, beide leicht animiert. „Welcher sitzt näher an den Blumen?"

Abb. 4: *Beim Ransprung „Käfer" sieht man nach der Totalen mit Ball und Blumen eine Nahe mit zwei Käfern, die mit den Augen zwinkern. Welcher sitzt näher an den Blumen?*

Ransprung ohne gemeinsame Bildanteile „Schule" (Abb. 5). Links eine grünes Haus mit Fahne, rechts ein rotes Haus, dazwischen der Teddy. Umschnitt: man sieht die Füße des Teddys in Naheinstellung nach rechts gehen. Umschnitt: Anfangsbild ohne Teddy. „In welche Schule ist er gegangen?"

6.2.3 Methodisches Vorgehen

Der Film wird jedem Kind einzeln auf einem Laptop in gewohnter Umgebung (Kindergarten, Schule) präsentiert. Dem Kind wird vorab erklärt, dass gleich ein Teddy kommt, der mit ihm spielen möchte und ihm ein paar Fragen stellt. So lange das Kind Teddy Tom antwortet, wird der Film angehalten; erst nach der Antwort geht es weiter.

Abb. 5: *Beim Ransprung „Schule" sieht man Teddy Tom erst in einer Totalen zwischen den beiden Häusern, dann in einer Naheinstellung seine Beine nah nach rechts gehen, schließlich die Totale ohne Teddy. In welche Schule ist er gegangen?*

Danach „übernimmt" der Teddy die Befragung. Die Antworten des Kindes werden vom Versuchsleiter aufgezeichnet. Neben Simultan-Erfassung und Farbwahrnehmung wird das Verständnis eines Schwenks, eines Umschnittes und zweier zusammengesetzter Schnittsequenzen getestet. Die reine Laufzeit des Films beträgt 2 Minuten 32 Sekunden. Im Anschluss an den Film wird das Kind vom Versuchsleiter nach seinen Antworten und ihren Begründungen gefragt.

Vor der Untersuchung waren die Eltern um die schriftliche Einwilligung gebeten worden, die Kinder wurden direkt vor dem Film gefragt und dann noch einmal direkt am Anfang des Filmes auch vom Teddy, ob sie mit ihm spielen wollen.

6.3 Ergebnisse

6.3.1 Klärung kognitiver Voraussetzungen „Bälle"

Ab sieben Jahren konnten alle Kinder die fünf Bälle richtig zählen und die fünf Farben benennen (*Tab. 2*). Bei den Vierjährigen konnte nur jedes zweite Kind die fünf Bälle richtig abzählen und ihre Farben benennen, bei den Fünfjährigen war noch für 37% das Abzählen ein Problem. Bis auf zwei Ausnahmen konnten alle Kinder, die die Bälle richtig gezählt haben, auch die Farben korrekt benennen. Es wurden keine Farbfehlsichtigkeiten festgestellt.

Tab. 2: „Bälle". *Farbe erkennen und Objekte zählen (in Abhängigkeit von der Altersstufe).*

Alter/Jahre	4	5	6	7	8	9	10
Anzahl der Kinder	20	24	28	25	33	26	12
Farben richtig	14 (70%)	23 (96%)	24 (86%)	25	33	26	12
Anzahl Richtig	11 (55%)	15 (63%)	24 (86%)	25	33	26	12
Farben und Anzahl richtig	9 (45%)	15 (63%)	24 (86%)	25	33	26	12

Tab. 3: „Apfel". *Verständnis eines kurzen Schwenks in Abhängigkeit vom Alter.*

Alter/Jahre	4	5	6	7	8	9	10
Kinder	20	24	28	25	33	26	12
Schwenk richtig	13 (65%)	22 (92%)	26 (93%)	25 (100%)	33 (100%)	26 (100%)	12 (100%)
weiß nicht	3	0	2				
Schwenk falsch	4	2	0				

6.3.2 Verständnis von Schwenks

6.3.2.1. Langsamer kurzer Schwenk „Apfel". Ein einfacher Schwenk bereitet den Kindern ab fünf Jahren kaum Schwierigkeiten (*Tab. 3*). Von den jüngeren sechs Kindern, die den Schwenk falsch beantwortet haben, konnten fünf auch die Bälle nicht richtig zählen. Im jüngeren Kindergartenalter scheinen Schwenkverständnis und Zählfertigkeiten im Zusammenhang zu stehen.

6.3.2.2. Langer langsamer Hin- und Rückschwenk „Haken". Es zeigten sich drei bezüglich der Altersstufe typische Ergebnisse im Verständnis dieses Schwenks (*Abb. 6*). Bei den Vierjährigen nannte nahezu die Hälfte der Kinder noch die Farbe des Objektes, das im Moment der Frage zu sehen war (im Versuch „grün"), ein Viertel gab die richtige Farbe an („rot"). Auch bei den Fünfjährigen wählte noch ein Viertel der Kinder „grün", allerdings war hier der Anteil der Kinder, die die richtige Farbe angaben, deutlich größer (mehr als die Hälfte).

Bei den Fünf- bis Siebenjährigen war der Anteil der Kinder, die die richtige Farbe angaben, etwa gleich, allerdings änderten sich die Fehler von „grün" zu „blau". Bei Nachfrage stellte sich heraus, dass die falsche Farbe „blau" häufig angegeben wurde, weil der Teddy in der vorausgegangenen Aufgabe blaue Gummistiefel trug, nach deren Farbe gefragt worden war. Den Kindern scheint also klar zu werden, dass auf nicht präsente Filminhalte geschlossen werden muss; allerdings bleibt die Art des Schließens noch schwierig.

Erst ab acht Jahren verstehen fast alle Kinder den Schwenk. Etwa 10% der Acht- bis Zehnjährigen geben falsche Farben an, was anhand der Nachbefragung auf Gedächtnis- oder Aufmerksamkeitsschwierigkeiten schließen lässt.

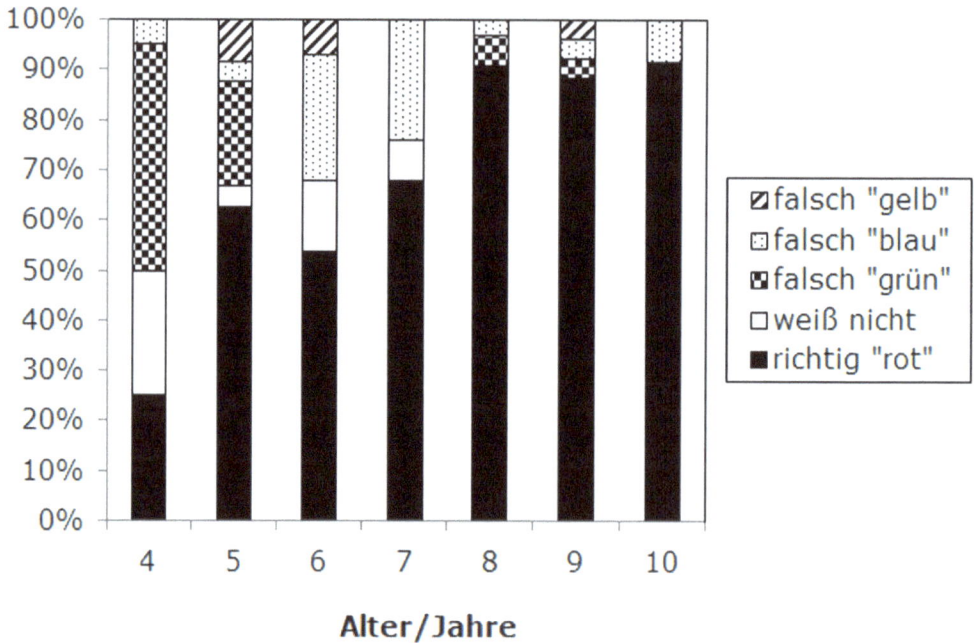

Abb. 6: „Haken". *Altersabhängiges Verständnis eines langsamen Schwenks, der einen komplexen Bildaufbau erfordert.*

6.3.3 Verständnis von Umschnitten

6.3.3.1. Seitsprung (Umschnitt, der in der Ebene bleibt) mit gemeinsamen Bildanteilen „Freunde". Auch beim Seitsprung nannten die Vierjährigen relativ häufig die Farbe des am Ende der Frage zu sehenden Tieres (*Abb. 7*). Diese Art des Umschnittes wurde von ihnen aber besser verstanden als der oben beschriebene Schwenk. Bei den Fünfjährigen war der Anteil korrekter Anworten nicht höher als beim Schwenk „Haken". Allerdings ist hier die Tendenz, die zuletzt gesehene Farbe zu benennen, geringer ausgeprägt, insofern scheint auch für Fünfjährige der Umschnitt leichter verständlich als der vorangehende Schwenk. Bei den Sechs- bis Siebenjährigen lässt sich bei der Farbbenennung die Tendenz wie beim Schwenk nicht nachweisen.

Zwei Sechsjährige gaben als Antwort „Teddy" an, eine Lösung, die als Option bei der Aufgabenstellung gar nicht in Betracht gezogen wurde. Sie zeigt, dass Kinder in diesem Alter eigene Geschichten entwickeln und dann auch interpretieren. Die älteren Kinder hatten kaum Schwierigkeiten, diesem Umschnitt kognitiv zu folgen.

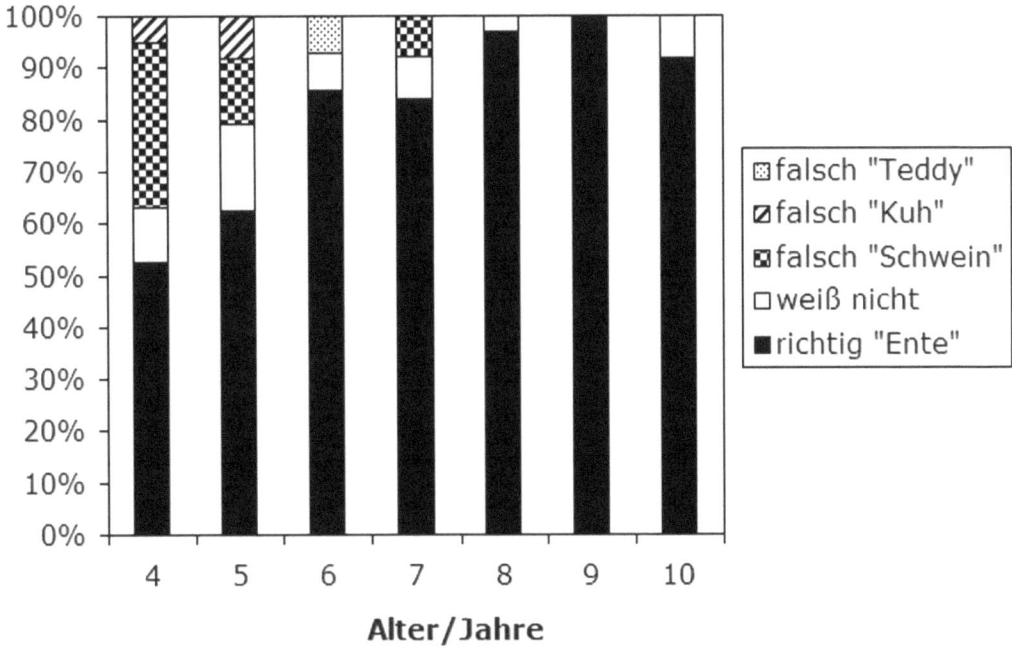

Abb. 7: „Freunde". *Altersabhängiges Verständnis eines Umschnittes, der in der Ebene bleibt, mit gemeinsamen Bildanteilen.*

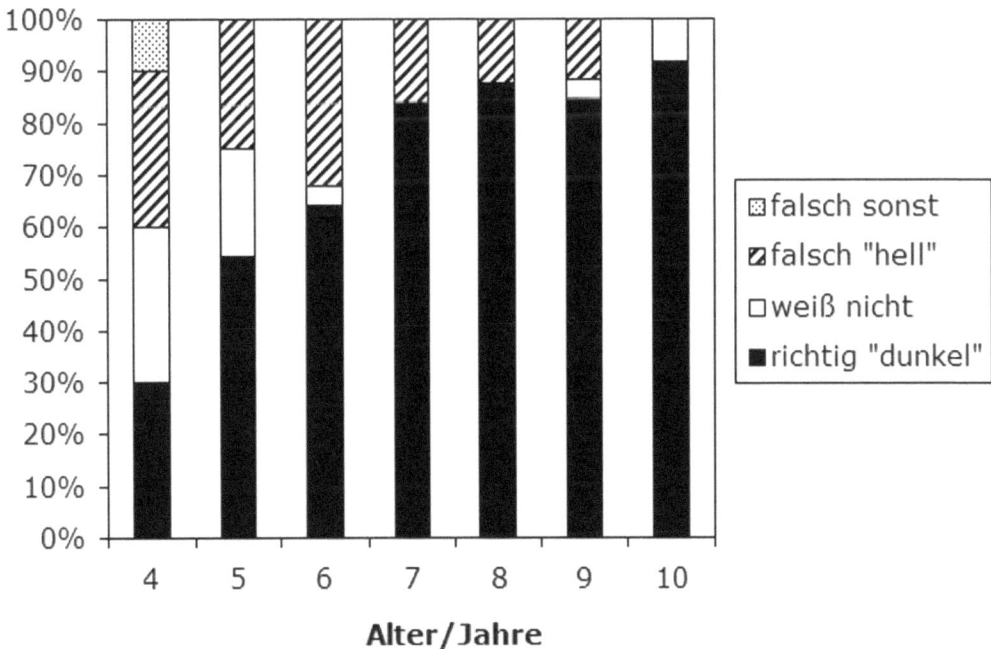

Abb. 8: „Käfer". *Altersabhängiges Verständnis eines Umschnittes in die räumliche Tiefe mit gemeinsamem Bildanteil vor und nach dem Schnitt.*

6.3.3.2. Ransprung (Umschnitt in die räumliche Tiefe) mit gemeinsamen Bildanteilen „Käfer". Von den Vierjährigen bis zu den Siebenjährigen nimmt die Anzahl der richtigen Antworten zu, um danach etwa konstant zu bleiben (*Abb. 8*). Von sieben bis zehn Jahren erfassen etwa 15% der Kinder diesen Umschnitt in die Tiefe nicht. Bei den Vierjährigen entsprechen die Antwortanteile der Ratewahrscheinlichkeit, es kann also davon ausgegangen werden, dass dieser Umschnitt in dieser Alterstufe nicht verstanden wird. Auch bei den Fünf- und den Sechsjährigen übersteigt der Anteil korrekter Antworten nur knapp die geschätzte Ratewahrscheinlichkeit. Hier zeigen sich unerwartet große Schwierigkeiten beim Verständnis dieses Ransprungs.

6.3.3.3. Umschnitt „Schule": Ransprung ohne gemeinsame Bildanteile. Auch hier nimmt das Verständnis des Schnittes mit dem Alter zu (*Abb. 9*). Der Anstieg ist aber wesentlich niedriger als bei der vorigen Sequenz, erst ab zehn Jahren geben alle Kinder die richtige Antwort an. Dieser Schnitt ist also für Kinder schwieriger zu verstehen zu sein als der vorausgegangene. Bei den Vier-, Fünf- und Sechsjährigen entschied sich jeweils die Hälfte der Kinder für die falsche Antwort. Die andere Hälfte der Antworten verteilte sich auf die korrekte Antwort und die Aussage „ich weiß nicht".

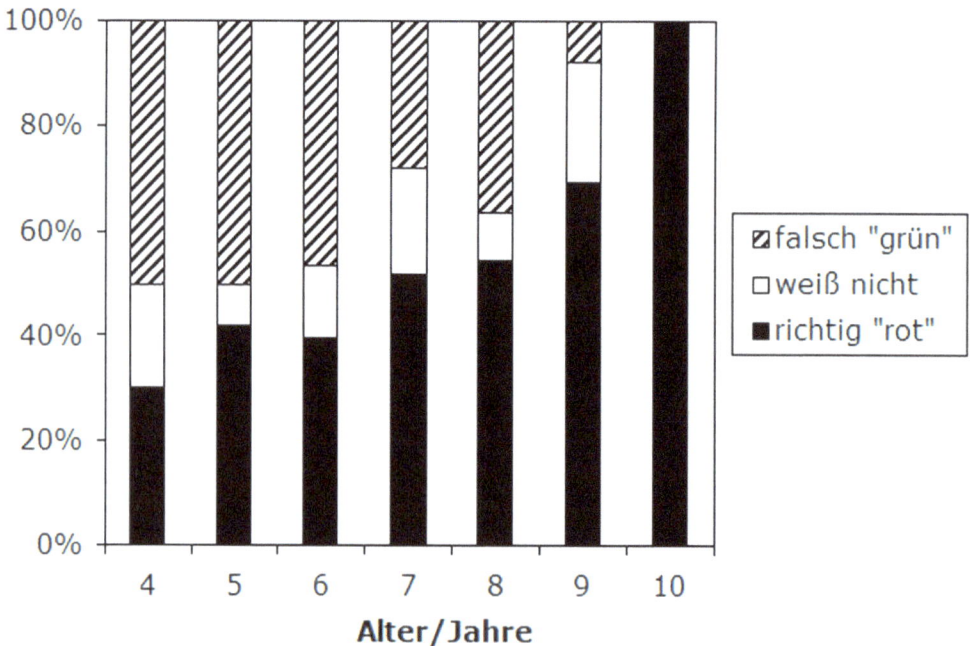

Abb. 9: „Schule". *Altersabhängiges Verständnis eines Umschnittes, der in die räumliche Tiefe geht (Ransprung).*

Tab. 4: *Anteil der Kinder, die beide Ransprünge richtig beantwortet haben.*

Alter/Jahren	4	5	6	7	8	9	10
Kinder	20	24	28	25	33	26	12
Beide Ransprünge richtig	1 (5%)	7 (29%)	7 (25%)	11 (44%)	17 (52%)	16 (62%)	11 (92%)

Wie die Nachfragen ergaben, zog die Fahne die Aufmerksamkeit auf sich und erhöhte die Attraktivität der falschen Schule. Die Antworten auf die Nachfragen demonstrieren auch, dass insbesondere Sechsjährige ihre eigene Geschichte unabhängig von der Rahmenhandlung konstruieren („da ist sein Freund drin").

Bei den Sieben- und Achtjährigen kehrte sich diese Verteilung um; hier entschied sich die Hälfte der Kinder für die korrekte Antwort und die andere Hälfte schwankte zwischen der falschen Antwort und der Antwort „ich weiß nicht". Erst bei den Neunjährigen ergab sich mit 69% ein deutlich überzufälliger Anteil an korrekten Antworten, für die Zehnjährigen war dieser Schnitt im Allgemeinen problemlos zu verstehen.

6.3.3.4. Beide Ransprünge „Schule" und „Käfer". Der Anteil korrekter Antworten bei den Umschnitten war, insbesondere bei beiden Ransprüngen, unerwartet gering (*Tab. 4*). Um weitere Hinweise auf das zugrunde liegende Verständnis der Kinder zu erhalten wurden die Antworten auf beide Ransprünge gemeinsam betrachtet.

Bei den Vierjährigen hat nur eines der Kinder die beiden Fragen zu den Umschnitten richtig beantwortet. Dieses Ergebnis legt den Schluss nahe, dass Vierjährige im Allgemeinen diese Art der Umschnitte nicht verstehen. Von den Fünf- und Sechsjährigen geben etwa ein Viertel richtige Antworten für beide Umschnitte. Etwa Dreiviertel der Kinder, die die schwierigere Aufgabe richtig beantwortet haben (Frage zum Umschnitt ohne gemeinsame Bildanteile) gaben auch bei der Frage zum Umschnitt mit gemeinsamen Bildanteilen die richtige Antwort an. Insgesamt war der Anteil der Kinder im Alter von sechs bis zehn Jahren, die die Fragen zu beiden Umschnitten richtig beantwortet haben, monoton steigend. Die Zehnjährigen verstanden beide Umschnitte problemlos.

6.4 Diskussion

6.4.1 Bewertung der Methode

Um das kindliche Verständnis filmischer Techniken zu untersuchen, wurde eine neue Methode entwickelt. Dabei befragt ein Avatar, konkret ein gefilmtes Kuscheltier, Filmzuschauer. Diese Befragungsmethode erwies sich als überaus geeignet zur Untersuchung von Kindern. Um zunächst die Anwendbarkeit der Methode zu überprüfen, wurde die Anzahl der gewählten Schnitttechniken reduziert. Insofern sind die hier vorgestellten Befunde als erste Hinweise zu verstehen, die mit weiteren Aufgaben abzusichern sind. Unter dieser Maßgabe sind auch die folgenden inhaltlichen Bewertungen zu verstehen. Auch die Altersangaben können noch nicht generalisiert werden, da die Stichproben in den jeweiligen Altersklassen nicht parallelisiert sind. Wie beschrieben, sind Unterschiede in der Zusammensetzung der Altersklassen nach Geschlecht vorhanden, aber sie sind auch in Bezug auf andere relevante Merkmale (wie beispielsweise Erfahrung mit Medien) nicht auszuschließen.

6.4.2 Schwenks

Schwenks gehören mit zu den am häufigsten im Film eingesetzten technischen Mitteln. Sie werden im Allgemeinen durch die Kamerabewegung erzeugt und machen den Unterschied, ob ein Film als solcher empfunden wird oder nur als Präsentation einzelner Bilder.

Es wurde angenommen, dass Kinder bereits sehr frühzeitig (im Alter von vier Jahren) einen Schwenk verstehen können, wenn es während des Schwenks eine Phase gibt, in der gleichzeitig Elemente des Anfangs- als auch des Endbildes des Schwenks zu sehen sind. Es zeigte sich aber, dass von den Vierjährigen mindestens ein Drittel einen solchen Schwenk nicht verstanden hat. Ab fünf Jahren bereitet diese szenische Gestaltung den Kindern keine Schwierigkeiten mehr. Das Verständnis komplizierter Schwenks, die ein Raumverständnis des Kindes über den gerade sichtbaren Bereich des Bildes hinaus erfordern, ist (auch entwicklungspsychologisch) wesentlich später zu erwarten (Neidhardt, 2004). Bei langsamen komplizierteren (horizontal und vertikal versetzten) Schwenks, die eine räumliche Zuordnung und somit den Aufbau eines umfassenderen räumlichen Modells erfordern, zeigt sich ein großer Alterseffekt: Vierjährige können im Allgemeinen diese Raumvorstellung noch nicht aufbauen, erst bei Achtjährigen kann frühestens eine sichere Beherrschung der räumlichen Konstruktion vorausgesetzt werden, wie auch von Smith et al. (1985) gezeigt wurde. Die verwendeten Schwenks, eine sehr einfache Seitwärts-Bewegung sowie eine komplexere Bewegung im Raum, können meiner Ansicht nach als repräsentativer Ausschnitt aus dem Spektrum von Schwenks angesehen werden.

Kinder im Vorschulalter haben selbst bei einzelnen kurzen Schwenks bereits Probleme, die mit zunehmender Komplexität immer größer werden. Bei der Einbettung in einen filmischen Kontext mit weiteren technischen Elementen (wie Geräuschen, Musiken, Lichtblitzen, mehreren Stimmen, etc.) und inhaltlichen Besonderheiten (wie Rückblicken, Zeitsprüngen, Gedanken, etc.) ist davon auszugehen, dass Kinder dieser Altersgruppe den Handlungsablauf nicht verstehen können, sondern allenfalls einzelne Bild- und Tonsequenzen als zeitliche Abfolge wahrnehmen. Dies kann auch als Hinweis auf Verständnisschwierigkeiten als Ursache der Ergebnisse von Nummenmaa (1969) gewertet werden.

Auch im frühen Grundschulalter sind Schwenks für Kinder noch schwierig zu verstehen, wenn für das Verständnis ein komplexeres Raumverständnis erforderlich ist. Hier ergeben sich eindeutige Kriterien für altersgerechte Filme bezüglich einsetzbarer Schwenks. Es sollten für filmische Szenen, die für jüngere Kinder gedacht sind („Sandmännchen"), nur Schwenks verwendet werden, die kein komplexes Raumverständnis erfordern. Dies ist z.B. so zu realisieren, dass Elemente des Endbildes des Schwenks bereits im Anfangsbild enthalten sind.

6.4.3 Umschnitte

Es wurde angenommen, dass ein seitlicher Umschnitt in der gleichen Bildebene („Seitsprung") ähnlich früh verstanden wird wie der einfache Schwenk. Es zeigte sich aber, dass nur etwa die Hälfte der Fünf- bis Sechsjährigen diesen Umschnitt verstanden hat, selbst wenn gemeinsame Bildanteile vor und nach dem Schnitt vorhanden waren. Als eine Ursache für dieses Ergebnis wird die Diskontinuität der räumlichen Darstellung angesehen, die den kognitiven Aufbau einer Ganzheit verhindert.

Wie erwartet, wurden Ransprünge deutlich später als der Seitsprung verstanden. Die spezifischen Schnittfolgen waren so angelegt, dass sie dem Verständnis eines erwachsenen Zuschauers entsprachen und wurden bereits von den Zehnjährigen verstanden. Im Allgemeinen verstanden Vierjährige diese Umschnitte nicht. Bei den fünf- und sechsjährigen Kindern verursachten Orientierungshilfen einen großen Unterschied im Verständnis der Schnittfolgen. Waren Bildelemente im Bild *nach* dem Schnitt, die eine einfache (schnelle) räumliche Zuordnung als Teil (Ausschnitt) des Bildes *vor* dem Schnitt ermöglichten, so war das Verständnis in dieser Altersgruppe vorhanden. Ohne Orientierungshilfen befanden sie sich auf dem Leistungsniveau von Vierjährigen.

Es ist nicht auszuschließen, dass die Markierung der falschen Schule mit einer Fahne besonders für die Kinder dieser Altersgruppe attraktiv war und somit einige Falschantworten bedingte. An dieser Stelle müssen die Beobachtungen mit zusätzlichen Szenen repliziert werden, bevor weitergehende Schlussfolgerungen gezogen werden können.

Dabei sollten auch die wesentlichen Schwierigkeitsfaktoren eines Umschnitts (Geschwindigkeit, Ausschnitt, Ton, usw.) geklärt werden. Anhand der aktuellen Daten kann festgehalten werden, dass insbesondere bei Kinderfilmen versucht werden sollte, die Anzahl von Umschnitten auf ein Mindestmaß zu reduzieren. Zudem scheinen besonders für jüngere Kinder gemeinsame Bildanteile vor und nach dem Schnitt den Aufbau eines mentalen Raums zu erleichtern bzw. überhaupt erst zu ermöglichen.

Bei der Interpretation der Leistungen ist zu beachten, dass der Film nach den einzelnen Sequenzen ohne zeitliche Beschränkung angehalten wurde, so dass die Kinder Zeit zur Verarbeitung des Filmausschnitts hatten. Die relativ schlechten Leistungen der jüngeren Kinder zeigen, dass das Verständnis von Filmen für Kinder unter 7 Jahren sehr erschwert ist, insbesondere auch, da längere Filme und Fernsehbeiträge mit weitaus komplizierteren Bildinhalten, Musik und emotionalen Komponenten eine deutlich geringere Verständnisquote aufweisen dürften (Michel et al., 2007). Nach Michel et al. (2007) unterstützt ein mehrmaliges Zeigen eines Films das inhaltliche Verständnis. Damit ist es den Kindern offensichtlich möglich, die von uns dargestellten Verständnisschwierigkeiten zu überwinden. Durch das wiederholte Sehen sind den Kindern die Bilder nach den Schnitten bekannt, so dass damit eine Orientierungshilfe für den Aufbau mentaler Räume bereit gestellt wird, indem z. B. ihr Arbeitsgedächtnis entlastet wird (Roebers & Zoelch, 2005). Hier stellt sich zum einen die Frage, inwieweit diese Lerneffekte auf das Betrachten anderer Filme übertragen werden können. Zum anderen kann auch die mögliche Vorliebe von Kindern für schnelle Schnitt-sequenzen darauf zurückgeführt werden: Je schneller eine Passage geschnitten ist, desto weniger können (auch für Erwachsene) die einzelnen Sequenzteile auf einander bezogen sein. Diesem Verständnis entsprechend werden sie von (erwachsenen) Cuttern geschnitten. Die schnellste Schnittform, der *Trailer* oder *Flipper*, besteht letztendlich nur noch aus einzelnen (oft piktographischen) Bildern, die mehr oder weniger willkürlich aneinander gesetzt nur ein bestimmtes Gefühl vermitteln sollen. Einzelne Bilder können weggelassen werden, ohne dass sich die gesamte Aussage ändert. Kinder kommen deshalb mit derartigen schnellen Schnitten verhältnismäßig besser zurecht.

6.5 Ausblick

Aus den vorliegenden Befunden und den skizzierten Erweiterungen können Kriterien zur inhaltsunabhängigen Beurteilung der Altersgerechtheit eines Kinderfilms abgeleitet werden. Hierbei muss geklärt werden, inwieweit bestimmte Faktoren wie beispielsweise die Anzahl der Objekte im Bild, die Geschwindigkeit der Objektbewegung oder die Geschwindigkeit der Kamerabewegung und ähnliches das Verständnis beeinflussen. Dabei könnten sich beispielsweise Höchstgeschwindigkeiten für Schwenks als sinnvoll erweisen. Darüber hinaus stellen sich Fragen nach der beeinträchtigenden oder unterstützenden Wirkung von auditiver Information (Musik, Stimmen) oder affektiven Valenzen sowie Kombinationen aus all dem, die mit Hilfe der vorliegenden Methodik erstmals untersuchbar erscheinen. Eine wesentliche Frage hierbei betrifft die Lernbarkeit des Filmverständnisses. Hier ist zu überprüfen, in wieweit der Medienkonsum oder das explizite Erklären die Verarbeitung von Filmschnitten und damit das Verständnis von Filmen fördern kann. Neben einfachen Schwenks und Umschnitten spielen für das Filmverständnis weitere Techniken wie Zooms, Blenden, Splitt-Screens usw. eine Rolle. Die kognitiven und entwicklungspsychologischen Voraussetzungen für deren Verständnis würden den Untersuchungsansatz wesentlich erweitern und damit weitere didaktisch-methodische bzw. praktische Ansätze bei der Herstellung von Kinderfilmen schaffen. Darüber hinaus stellt sich die Frage, inwieweit auch schon Kinder ab drei Jahren mit der Methode zum Beispiel zum Schwenkverständnis befragt werden können.

7. Erweiterung der Untersuchung auf Kinder ab drei Jahren

7.1 Einleitung

In diesem Kapitel wird die erweiterte Anwendung des *Teddy Tom Tests* als Untersuchungs-methode auch für dreijährige Kinder vorgestellt. Ziel war es, herauszufinden, ob sich die vor-liegende Form einer interaktiven Videobefragung auch auf diese Altersgruppe anwenden lässt, und um in diesem Fall eine erste Übersicht zu bekommen, ob und ggf. wie viel Dreijährige von Schwenks und Umschnitten als elementaren filmtechnischen Elementen verstehen.

7.2 Methode

7.2.1 Stichprobe

Die ursprüngliche Stichprobe (Kapitel 6) wurde um 64 Kindergartenkinder im Alter von drei bis sechs Jahren erweitert. Insgesamt wollten, bevor der Film gestartet wurde, drei Kinder nicht an der Untersuchung teilnehmen, bei einem Kind wurden die Antworten wegen offensichtlich grundlegender kognitiver Mängel nicht berücksichtigt. Die Antworten eines weiteren Kindes blieben unberücksichtigt, weil sich bei der Befragung ein Farbsehfehler andeutete, der im Nach-gang verifiziert wurde. Bei zwei Kindern blieb die Einwilligung der Eltern versagt. Insgesamt standen somit die Daten von N = 232 Kindern zur Verfügung *(Tab. 5)*.

7.2.2 Stimuli und methodisches Vorgehen

Die Untersuchung wurde mit einem Teddy Tom Test (*TTT intro*) durchgeführt, wie in Kapitel 6 beschrieben (*siehe auch Appendix A. 1*).

Die Studie wurde in zwei kommunalen Kindergärten in Sachsen-Anhalt durchgeführt. Es stand jeweils ein separater, ruhiger Raum zur Verfügung, in dem vormittags von acht bis zwölf Uhr Einzeltests durchgeführt wurden. Zunächst wurde das Verständnis der Begriffe *neben*, *höher* und *am nächsten* überprüft und ggf. bis zum Verständnis erklärt. Dann wurde dem Kind der Film *TTT intro* auf einem Laptop gezeigt wie in Kapitel 6 beschrieben. Einige wenige Male, wenn ein Kind am Anfang des Films unschlüssig war, offensichtlich nicht wusste, was es tun sollte, oder den Versuchsleiter nach der ersten Frage des Teddys ansah, erklärte dieser flüsternd, dass das Kind dem Teddy antworten möge, sah dabei das Kind aber nicht an, sondern hielt den Blick auf den Monitor gerichtet.

Tab. 5: *Stichprobe, nach Alter und Geschlecht*

Alter/Jahren	3	4	5	6	7	8	9	10
N = 232								
Mädchen	11	17	27	15	14	15	16	5
Jungen	8	17	18	23	11	18	10	7
Gesamt	**19**	**34**	**45**	**38**	**25**	**33**	**26**	**12**

In zwei Fällen musste die Ergänzung, dass sonst das Spiel nicht weiter ginge, hinzugefügt werden, dann aber konnte mit allen Kindern ohne weitere Probleme der Test bis zum Ende durchgeführt werden.

7.3 Ergebnisse und separate Diskussionen

7.3.1 Statistische Kennwerte

In den folgenden Berechnungen werden Korrelationen durch Pearson´s Korrelationskoeffizient r beschrieben, das einseitige Signifikanz-Level wird durch Sterne dargestellt:

* (Signifikanz-Level $p < .05$), ** ($p < .01$) und *** ($p < .001$). Effektstärken werden als R^2 berechnet. Es wurden keine signifikanten Geschlechtunterschiede über die Gesamtheit der Kinder festgestellt (*siehe Tab. 6*), deswegen wurden das Geschlechtsunterschiede in diesem Kapitel nicht weiter berücksichtigt.

7.3.2 Validität und Reliabilität

Alle Kinder schienen während des Spiels mit Teddy Tom hoch motiviert und beantworteten die Fragen sehr engagiert. Teilweise schienen sie den Versuchsleiter im Hintergrund völlig vergessen bzw. ausgeblendet zu haben. Dies zeigt die hohe Praktikabilität dieser Methode für Kinder im Alter von drei bis zehn Jahren.

Tab. 6: *Korrelationskoeffizienten*

	Alter	Farben	Bälle	Apfel	Haken	Freunde	Käfer	Geschlecht
Alter								.071 (.142)
5 Farben benennen	.285***							-.005 (.468)
5 Bälle zählen	.364***	.260***						.043 (.256)
Schwenk „Apfel"	.333***	.311***	.219***					.093 (.079)
Schwenk „Haken"	.479***	.175**	.221***	.197***				.051 (.220)
Schnitt „Freunde"	.377***	.239***	.201***	.128*	.288***			.104 (.057)
Schnitt „Käfer"	.409***	.239***	.220***	.234***	.289***	.180**		.041 (.267)
Schnitt „Schule"	.291***	.073 (.134)	.018 (.393)	.135*	.121*	.125*	.199**	.092 (.080)

Anm.: Einseitiges Signifikanz-Level p in Klammern, abgekürzt durch $p < .05$ (*), $p < .01$ (**) und $p < .001$ (***)

Darüber hinaus zeigte sich eine starke Altersabhängigkeit des Schwenkverständnisses ($r = .633^{***}$, $R^2 = .402^{***}$), was eine hohe Validität der Methode nahe legt (Pittorf et al., 2014b). Diese Annahme wird durch den Vergleich des Schwenkverständnisses in einem weiteren Teddy Tom Film (*TTT sim*; Kapitel 9) mit der Kapazität des vAG bei Kindergartenkindern (Pittorf et al., 2014a) unterstützt, da ein Zusammenhang zwischen diesen beiden Kompetenzen als evident gilt (Kapitel 5; Ackerman, Beier, & Boyle, 2002; Munk, 2010). Entsprechend war die Korrelation zwischen Schwenkverständnis und vAG (als Longitudinalstudie mit dem MFBT sechs Mal in acht Monaten gemessen, Kapitel 8) hoch signifikant mit Pearson's Korrelationskoeffizient $r = .779^{***}$ und einer Effektstärke von $R^2 = .633^{***}$. Dies demonstriert auch die hohe Reliabilität der Methode, umso mehr, wenn man die kognitive Instabilität bei Kindern in diesem Alter mit in Betracht zieht. Durch die erneute Befragung nach einem Monat zu den zehn einfachsten Schwenks ohne inhaltliche Rahmenhandlung (Kapitel 10) konnte dies durch eine sehr hohe Re-Test-Reliabilität mit $r = .989^{***}$ und $R^2 = .979^{***}$ bestätigt werden.

7.3.3 Szenenabfolge

7.3.3.1. Kognitive Fähigkeiten. Zwischen der richtigen Angabe der Bälle-Anzahl und dem Alter gibt es eine hochsignifikante Korrelation, $r = .285^{***}$ (*Abb. 10*). Die Aufgabe bestand dabei nicht nur darin, korrekt bis fünf zu zählen, da die Bälle unterschiedlich groß und willkürlich

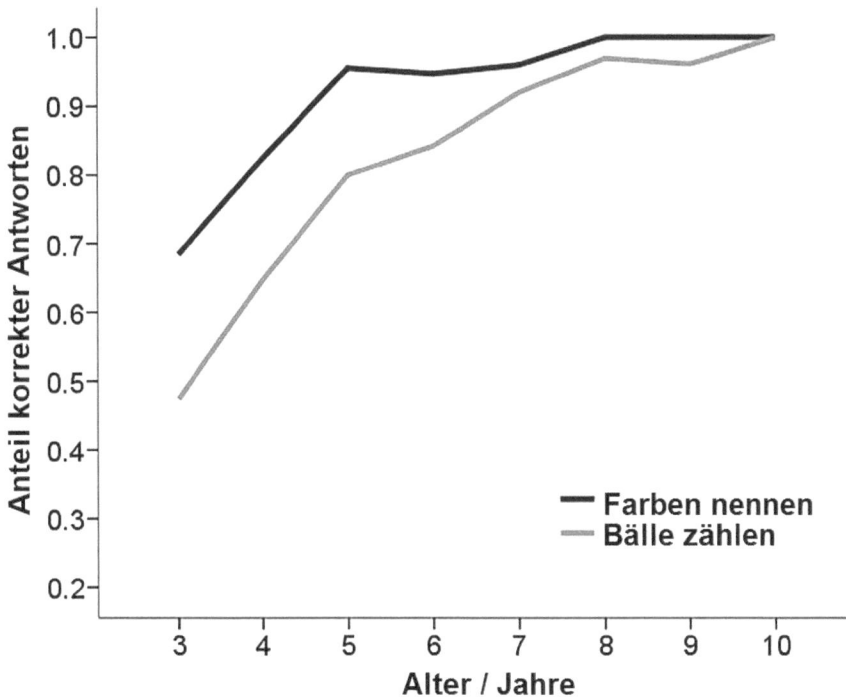

Abb. 10: Kognitive Fähigkeiten. *Der Anteil korrekter Antworten für die Aufgaben, fünf Bälle zu zählen und ihre Farben zu benennen, in Abhängigkeit vom Alter.*

verteilt sind, war auch eine gewisse räumliche Orientierung nötig.

Etwa die Hälfte der Dreijährigen gab die richtige Anzahl an, was mit den Ergebnissen anderer Untersuchungen gut korrespondiert (Wynn, 1990; Gelman & Meck, 1983), wie auch die schnelle Zunahme des Verständnisses mit dem Alter bei Vorschulkindern. Ein Effekt durch den Schulbesuch war nicht zu erkennen, erst bei den Achtjährigen können fast alle Kinder die Anzahl der Bälle richtig nennen.

Die fünf Farben richtig zu benennen korreliert mit dem Alter mit r = .364*** und mit dem korrekten Zählen mit r = .260***. Bei den Dreijährigen lösen mehr als 70% diese Aufgabe richtig, deutlich mehr als beim Zählen: Diese Aufgabe scheint für die Kinder also wesentlich einfacher zu sein. Allerdings mag auch dazu beigetragen haben, dass die Frage nach den Farben auf das gleiche Bild gestellt wird, demnach es eine gewisse Form der Wiederholung, die zumindest für Kinder ab sechs Jahren zu einer Verbesserung des Verständnisses von Film-inhalten beiträgt (Michel, Roebers, & Schneider, 2007).

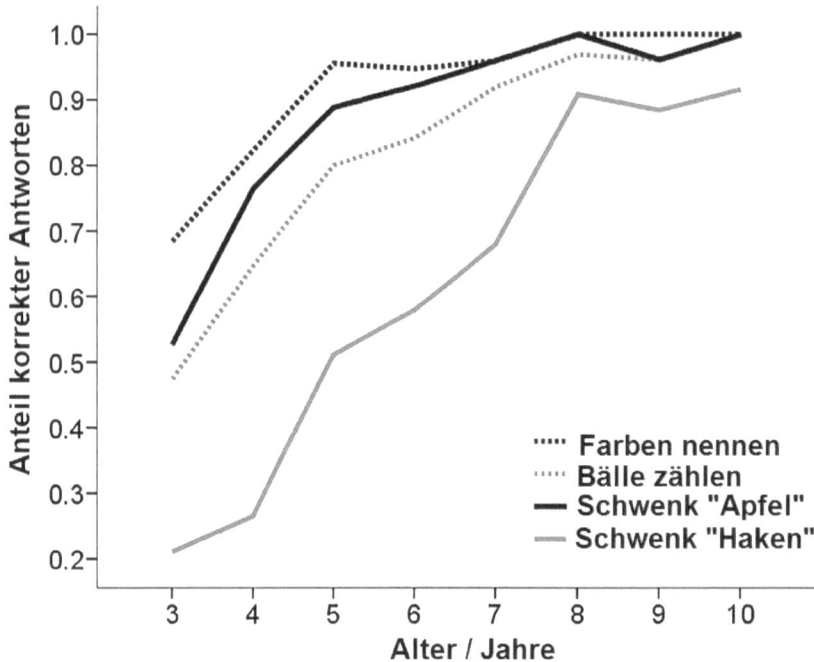

Abb. 11: Schwenks. *Der Anteil korrekter Antworten auf zwei Schwenkfragen, die Aufgaben fünf Bälle zählen und ihre Farben benennen, in Abhängigkeit vom Alter.*

Darüber hinaus ist es typisch für Kinder in diesem Alter, dass sie die Namen von Dingen benennen (sollen), wenn Ihnen Bilder davon gezeigt werden. Wenn Kinder eine Aufgabe nicht verstanden haben oder die Antwort nicht wissen, werden sie in der üblichen, herkömmlichen Weise reagieren. In diesem Fall wird die Antwort in der Untersuchung falsch sein, da die Aufgaben so gestellt wurden, dass die korrekte Antwort zum Zeitpunkt der Frage nicht (allein) auf dem Bildschirm präsent war. Unabhängig davon ist der Anteil der Kinder, die den Schwenk nicht verstanden haben, in allen Altersstufen hoch.

7.3.3.3. Langsamer, vertikal versetzter Hin- und Rückschwenk "Haken". Das Verständnis dieses langsamen, aber sehr komplexen Schwenks setzt neben der räumlichen Orientierung auch eine entsprechend hohe Memorierfähigkeit voraus. Daher sind Drei- und Vierjährige, mit mehr als zwei Dritteln falscher Antworten, im Allgemeinen nicht in der Lage, diesen Schwenk zu verstehen (*Abb. 11*). Das Verständnis nimmt mit dem Alter zu (90% der Achtjährigen geben die korrekte Antwort), wobei bei den Fünfjährigen (jeder zweite) die größte Zunahme zu erkennen ist. Dies bestätigt Ergebnisse früherer Untersuchungen von Vierjährigen bis Fünfzehnjährigen, für die dieser lineare Zuwachs ebenfalls für korrespondierende Span-Bord Aufgaben festgestellt wurde, bei denen die Kinder Informationen zu Lage und Anzahl von Objekten replizieren mussten. Neurophysiologisch ist dies mit einer altersbedingten Entwicklung neuronaler Netzwerke in Verbindung mit der Reifung weißer Substanz in den für diese Aufgaben zuständigen Bereichen im superior frontalen and intraparietalen Kortex zu erklären (Klingberg, 2006).

7.3.3.4. Seitsprung "Freunde". Das Verständnis dieses Schnitts korreliert mit dem Alter mit r = .377** und mit den kognitiven Aufgaben in der Größenordnung r = .2*** (*Abb. 12*), mit der anderen Filmelement-Aufgabe (Schwenk "Apfel") ist die Korrelation mit r=.128* deutlich geringer. Wie beim Schwenk (durch Augen- oder Kopfbewegung) kann dieser Seitsprung auch natürlich (ohne Medien) evoziert werden, in dem die Augen während einer Schwenkphase geschlossen und erst danach wieder geöffnet werden. Deshalb mögen auch Zuschauer ohne jegliche Filmerfahrung ihn verstehen (Hobbs et al., 1988) und es wird deshalb angenommen, dass ein Filmverständnis (Media literacy) für das Verständnis nicht nötig ist. Dennoch hat nur etwa die Hälfte der Dreijährigen diesen Schnitt verstanden, erst mit einem Alter von 7 Jahren kann von einem generellen Verständnis der Kinder ausgegangen werden. Nach der Einteilung von d´Ydevalle und Vanderbeeken (1990) handelt es sich um einen der leichtesten Schnitte (Stufe 1): ein Seitsprung (wie ein Schwenk ohne Bewegungs-Phase) mit drei Objekten, von denen eins vor und teilweise nach dem Schnitt (dann auf der anderen Seite) zu sehen ist, zusammen mit jeweils einer weiteren Figur, mithin in der Mitte zwischen diesen beiden.

Das fehlende Verständnis für die Art eines solchen Schnittes zeigt, dass Kinder, die jünger als sieben Jahre sind, Probleme mit dem Verständnis üblicher Filme haben - nicht nur wegen einer eventuellen fehlenden Medienerfahrung, sondern auch wegen des kognitiven Unvermögens, diese visuelle Diskontinuität zu verstehen.

7.3.3.5. Ransprung "Käfer". Dieser Umschnitt korreliert mit dem Alter mit r = .409***, mit den Aufgaben zu den kognitiven Fähigkeiten im Bereich r = .2, mit dem anderen Umschnitt "Freunde" nur mit r = .180**. Das zeigt, dass nicht von einem generellen Umschnitt-verständnis gesprochen werden kann, sondern dass das Verständnis spezifisch für verschiedene Umschnitt-Typen ist. Bis zu einem Alter von fünf Jahren liegt der Anteil richtiger Antworten für diesen Umschnitt unterhalb der Ratewahrscheinlichkeit. Eine mögliche Ursache ist eine falsche Selbstinstruktion der Kinder: Da ein Teil des Balles auch nach dem Schnitt zu sehen ist, scheinen einige Kinder die Frage "Welcher Käfer ist näher am Ball?" beantwortet zu haben, unabhängig von der eigentlich gestellten (*Moses illusion*; Erikson & Mattson, 1981; Reder & Cleeremans, 1990; Song & Schwarz, 2008). Deshalb sollten insbesondere bei der Konzeption entsprechender Test-Filme, aber natürlich auch bei Kinderfilmen, solche irreführenden Hinweise vermieden werden.

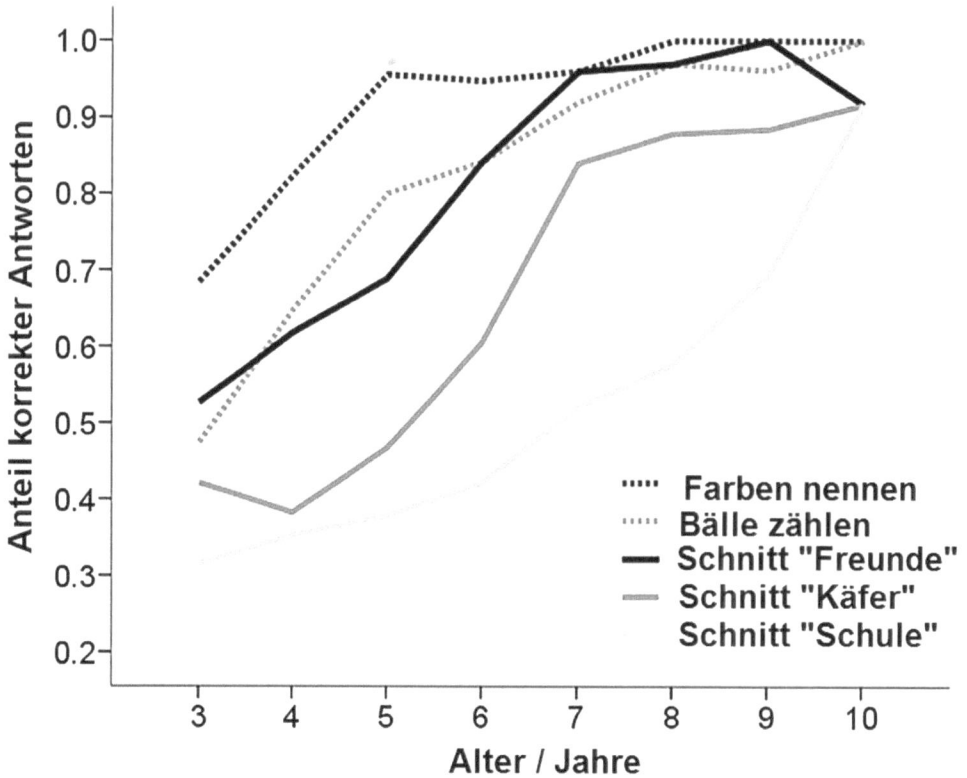

Abb. 12: Umschnitte. *Der Anteil korrekter Antworten auf drei Umschnittfragen, die Aufgaben, fünf Bälle zu zählen und ihre Farben zu benennen, in Abhängigkeit vom Alter.*

Bei den Fünf- bis Siebenjährigen (fast 85%) nimmt das Verständnis rasch zu, hier scheint dieses Problem überwunden zu sein. Trotzdem bleibt der Anteil richtiger Antworten bei Kindern bis zu zehn Jahren unter 90%. Da dies ein Umschnitt in eine andere Bildebene ist, kann dies sowohl an einer fehlenden Medienkompetenz als auch an einer ungenügenden Verarbeitung der räumlichen Informationen liegen.

7.4 Diskussion

7.4.1 Verständnis von Schwenks und Umschnitten

Die vorliegenden Daten zeigen, dass das Verständnis von Schwenks und Umschnitten bei

Kindern im Vorschul- und Grundschulalter sehr eingeschränkt ist. Damit sind sie im Einklang mit den wenigen früheren, von Anderson and Hanson (2010) angeführten Untersuchungen: Smith, Anderson, & Fischer (1985) konnten zeigen, dass Schwenks und Umschnitte nur von der Hälfte der Vierjährigen verstanden wurden, und dass das Verständnis mit dem Alter bis zu einem Erwachsenen-Level der Dreizehnjährigen anstieg. Der Unterschied des Erwachsenen-Levels von 13 bzw. zehn Jahren kann entweder an unterschiedlichen Schwierigkeitsgraden der entsprechend verwendeten Items liegen oder auch an der Tatsache, dass zwischen den beiden Untersuchungen fast 30 Jahre liegen. Daher verfügen die Kinder sicherlich auch über ein unterschiedliches Maß an Fernseherfahrung und damit entsprechenden Lerneffekten.

Insbesondere Vorschüler verstehen diese Schnitttechniken kaum, selbst wenn sie beliebig Zeit für ihre Antwort zur Verfügung haben. Daher scheint es offensichtlich, dass sie übliche Film- oder Fernsehbeiträge (selbst wenn sie speziell für Kinder produziert wurden) mit einem Schnitt etwa alle drei Sekunden kaum verstehen können. Im Einklang mit früheren Ergebnissen (Nummenmaa, 1969) ist stattdessen davon auszugehen, dass Kinder während des Fernsehens mehr oder weniger nur einzelne Bilder wahrnehmen, aber kaum den Plot der erzählten Geschichte verstehen.

7.4.2 Grenzen der Methode TTT und besondere Anforderungen

Eben dieses geringe Verständnis ist andererseits ein limitierender Faktor für die Anwendung der Teddy Tom Tests. Technische Filmelemente können altersspezifisch nur bedingt eingesetzt werden: Je jünger die Kinder sind, desto mehr muss auf Schwenks und Umschnitte verzichtet werden. Der Bildinhalt sollte sehr einfach und ohne missweisende Elemente gehalten werden, darüber hinaus sollten *Moses illusions* und Distraktoren vermieden werden. Wiederholungen und parallele Informationen im Audiobereich unterstützen hingegen das Verständnis.

In Voruntersuchungen zeigte sich zudem die Tendenz jüngerer Kinder, Objekte über ihre Farben zuzuordnen: Hatte der Teddy z.B. in der einen Einstellung gelbe Schuhe an, wurden ihm bei Anschlussfragen ebenfalls weitere gelbe Objekte zugeordnet. Dies sollte bei der Aufgabenstellung z.B. durch entsprechend unterschiedliche Farben, insbesondere bei Folgefragen, berücksichtigt werden.

Frühere Untersuchungen hatten den Schluss nahe gelegt, dass für die Befragung von Kindern Multiple Choice - Fragen geeigneter als geschlossene Fragen wären (Peterson & Grant, 2001). Daher habe ich zunächst versucht, alternative Lösungsvorschläge in Split-Screens anzubieten, auf die die Kinder entsprechend nur zu zeigen brauchten. Dies funktionierte bei den meisten jüngeren Kindern nicht: Da die Lösungen sich nur geringfügig unterschieden, erforderte diese eigenständige Aufgabe im Stil einer change detection task ein entsprechendes visuelles

Arbeitsgedächtnis (Cowan et al., 2005), über das die Kinder in diesen Altersgruppen noch nicht verfügen (Pittorf et al., 2014a). Zum anderen bestand mehrfach das Problem, dass - falls das Kind eine Antwort nicht wusste oder unsicher war und eine Antwort riet - es bei einer erneuten Frage die gleiche Position der Antwort wählte, die der Teddy ja schon einmal quittiert hatte: Wurde bei einem Split-Screen mit vier gleichzeitig angebotenen Lösungen „oben rechts" gewählt, so wurde dieser Quadrant auch bei den Folgefragen genannt, ungeachtet der eigentlichen Fragen. Dieses Verhalten korrespondiert mit neueren Ergebnissen in Untersuchungen zur fuzzy trace - Theorie entsprechend einer höheren Suggestibilität jüngerer Kinder (Rocha, Marche, & Briere, 2013).

Für die Entwicklung bzw. Anwendung von Teddy Tom Tests müssen daher die alters-gemäßen kognitiven Fähigkeiten der Kinder und ihre altersabhängigen Verständnisschwierig-keiten der Filmelemente berücksichtigt werden. Insbesondere eine entsprechend einfache Film-führung ist Voraussetzung, dass Kinder den Filmplot verstehen können.

7.5 Schlussfolgerungen und Ausblick

Zusammengefasst lässt sich sagen, dass sich die Methode *Teddy Tom Test als* interaktiver „Fragebogen" auf Videobasis als praktikables, reliables und valides Mittel erwiesen hat, um Fragen zum Filmverständnis bei Kindern ab drei Jahren zu untersuchen. Auch schüchterne oder nach Einschätzung der Erzieher „schwierige" Kinder konnten mit Hilfe des Teddys gut befragt werden. Die Ergebnisse korrespondieren mit denen früherer Untersuchungen, hauptsächlich für Kinder ab vier Jahren, da für Dreijährige kaum Untersuchungen dieser Art vorliegen.

Darüber hinaus bietet sich diese Methode auch für Untersuchungen zu anderen Themen (wie räumlichen Fähigkeiten, Reasoning, Arbeitsgedächtnis, etc.) an. Die Filme lassen sich leicht für andere Aufgaben anpassen, in dem die Szenen mit dem Teddy weiterhin genutzt und nur die entsprechenden Aufgaben-Szenen ausgetauscht werden. Das Intro kann komplett übernommen werden, es sollte nur die Audio-Spur getauscht werden, damit der Teddy im neuen Film dann mit einer einheitlichen Stimme spricht.

Die Methode bietet sich auch für Tests zu sozialen Kompetenzen (z.B. Empathie, moralische Entwicklung oder soziales Lernen) an, insbesondere bei Untersuchungen sehr junger, autistischer oder schwieriger Kinder oder in kritischen Anwendungen zu klinisch-therapeutischen Fragen (z.B. Post-Crime- oder Missbrauchsszenarien) scheint ein Einsatz von *Teddy Tom* überlegenswert.

8. Bestimmung des visuellen Arbeitsgedächtnisses drei- bis sechs-jähriger Kinder

Dieses Kapitel basiert auf dem folgenden Artikel, der für die Dissertation angepasst wurde:

Pittorf, M. L., Lehmann, W., & Huckauf, A. (2014a). Visual working memory and perception speed of 3- to 6-year-old children tested with a Matrix Film Battery Test. *Early Child Development and Care, 184* (6), 843-854.

8.1 Einleitung

Das Ziel der im Folgenden beschriebenen Untersuchung war es, das vAG von drei- bis sechs-jährigen Kindergartenkindern in Abhängigkeit von Alter und Geschlecht zu bestimmen. Als Nebeneffekt konnte die Kapazität des vAG durch distinkte Darbietungszeiten des Testmaterials zu unterschiedlichen Wahrnehmungsgeschwindigkeiten in Bezug gesetzt werden. Im Einklang mit Studien für ältere Kinder (Fry & Hale, 2000; Kail, 1991; Swanson, 1999; Vuontela et al., 2003) und Vier- bis Fünfjährige (Schmidt, Zoelch, & Roebers, 2008) wurde eine generelle Alters-abhängigkeit des vAG für die untersuchte Altersgruppe erwartet.

8.2 Methode

8.2.1 Stichprobe

Die Studie wurde in zwei kommunalen Kindergärten einer kleinen Gemeinde in der unmittel-baren Nähe von Magdeburg in Sachsen-Anhalt (Deutschland) durchgeführt. An der Studie nahmen 61 Kinder teil (Durchschnittsalter zu Beginn 4,4 Jahre, SD=1,0; female/male ratio=1,8): zu Beginn der Untersuchung 16 Dreijährige (11 Mädchen/ 5 Jungen), 15 Vierjährige (10/5), 21 Fünfjährige (15/6) und 9 Sechsjährige (4/5), im Mittel der Untersuchung (Messung 4) 11 Dreijährige (7/4), 14 Vierjährige (10/4), 15 Fünfjährige (10/5) und 19 Sechsjährige (12/7). Ein Kind verließ im Verlauf der Untersuchung den Kindergarten, ein Kind wurde wegen gravierender kognitiver Abweichungen in der Auswertung nicht berücksichtigt. Eine schriftliche Einwilligung der Eltern und eine mündliche Abfrage der Kinder waren vorab eingeholt worden.

8.2.2 Stimuli und Durchführung

Es wurde ein *Matrix Film Battery Test* (*MFBT*; siehe Kapitel 5) durchgeführt. Die Testvideos wurden den Kindern in Einzelsitzungen in einem separaten ruhigen Raum der jeweiligen Einrich-

tung gezeigt. Als Längsschnitt konzipiert gab es für jedes Kind sechs Sitzungen in acht Monaten: die ersten fünf Male mit jeweils etwa einem Monat Abstand, die letzte etwa vier Monate nach der fünften. Die Messungen wurden morgens zwischen 8.30 und 12 Uhr im Anschluss an einen interaktiven *Teddy Tom Test* (Pittorf et al., 2010) zur Bestimmung des Verständnisses film-technischer Elemente durchgeführt.

Zunächst wurde den Kindern die Aufgabe erklärt und das Verständnis überprüft, in dem die Kinder die Aufgabe mit einem Item bei gleichzeitiger Präsenz der Vorlage auf dem Monitor lösen sollten. Danach wurde eines der drei Video-Pakete (als Datei) vom Versuchsleiter gewählt: jedes mit acht Unterordnern (mit 1- 8 Items), in denen jeweils 3 Filme (mit 1, 3 und 5 Sekunden) zur Verfügung standen. Per Doppelklick mit einer Funkmaus wurde der entsprechende Film jeweils gestartet.

Die erste, vierte und letzte Session wurde jeweils mit einer 1-Item Matrix, Präsentations-zeit 5 Sekunden, gestartet. Nach der Präsentation der ersten Test-Matrix "fuhr das Video ins Black" und der Versuchsleiter stoppte (pausierte) den Film. Er legte die Matrix-Pappe vor das Kind und händigte die entsprechende Anzahl benötigter Kärtchen aus. Nachdem das Kind die Kärtchen gelegt hatte wurde vom Versuchsleiter notiert, ob die Antwort richtig oder falsch war. Er nahm die Tafel und Kärtchen wieder auf und setzte den Filmablauf (durch Klicken auf Pause) fort.

Maximal wurden fünf Matrizen pro Item-Klasse gewertet. Nach drei korrekten Antwor-ten wurde das nächste Video mit einem Item mehr gestartet, nach drei falsch gelegten Bildern pro Item-Klasse wurde ein Film mit einem Item weniger (wenn möglich) und einer reduzierten Darbietungslänge von 3 Sekunden (bzw. 1 Sekunde) vorgeführt. In den Sessionen zwei, drei und fünf wurde nur mit den 1-Sekunde-Videos gearbeitet, um Langeweile bei den Kindern zu vermeiden.

Für die Auswertung wurden unterschiedliche Scorings angewandt, allerdings keine sub-stanziellen Unterschiede gefunden, so dass schließlich ein einfaches Scoring genutzt wurde, bei dem die Item-Klasse dann als erfolgreich gewertet wurde, wenn drei der maximal fünf Matrizen-Aufgaben richtig gelöst worden waren. Bei jeweils drei richtigen und zwei falschen Antworten in zwei aufeinander folgenden Klassen wurde die niedrigere gewertet.

Von herkömmlichen Test zum vAG unterscheidet sich der vorliegende vor allem dadurch, dass eine entsprechen Anzahl der Items gleichzeitig ohne Clustering gezeigt werden kann. Da die Stimuli durch die Verwendung von Still-Videos für eine exakt distinkte Zeit präsentiert werden, braucht sich der Versuchsleiter um die Darbietungszeit nicht zu kümmern - dadurch kann zudem auch die Wahrnehmungsgeschwindigkeit evaluiert werden.

8.3 Ergebnisse

8.3.1 Statistische Kenngrößen

In den folgenden Berechnungen werden Korrelationen durch Pearson´s Korrelations-Koeffizient r beschrieben, das (einseitige Signifikanzniveau wird wie folgt dargestellt: * (Signifikanz-level $p < .05$), ** ($p < .01$) and *** ($p < .001$). Der Einfluss des Alters wird teilweise durch partielle Korrelationen r_p deduziert, statistische Kontraste werden mittels einfacher und multipler ANOVAs mit η^2 als Effektstärke und Scheffé *Post Hoc* Tests bestimmt.

8.3.2 Validität des Matrix Film Battery Tests

fikant (p<.001) mit $\eta_1^2 = 56.3\%$ für Alter. Post hoc Tests zeigen signifikante Mittelwert-Differenzen auch zwischen den Altersgruppen (mit Ausnahme der Vier- und Fünfjährigen). Die Korrelation zwischen MFBT und TTT pan ist hoch signifikant mit r = .779 (p<.001), $\eta^2 = 63.3\%$.

8.3.3 Reliabilität

Die Aufgabe scheint für Kinder ab drei Jahren und ohne schwerwiegende kognitive Defizite leicht verständlich bzw. umsetzbar zu sein, da alle Kinder die Aufgabe lösen konnten, solange die Vorlage auf dem Monitor gleichzeitig präsent war. Die Kapazität eines (statischen) vAG in Abhängigkeit von distinkten Wahrnehmungsgeschwindigkeiten ist leicht zu bestimmen. Die Reliabilität R wurde durch multiple Re-Post-Tests (*Tab. 7*) mit R=.71 bestimmt.

Damit kann die Methode als reliabel angesehen werden, umso mehr, wenn man das Entwicklungspotential und die damit verbundene kognitive Instabilität in dieser Altersgruppe berücksichtigt. Die Konsistenz der Matrix-Stills in den unterschiedlichen Video-Paketen wir durch Cronbachs alpha Cr= .885 für die drei Messungen mit fünf Sekunden Darbietungszeit und Cr= .933 für die fünf Messungen mit 1 Sekunde Darbietungszeit belegt.

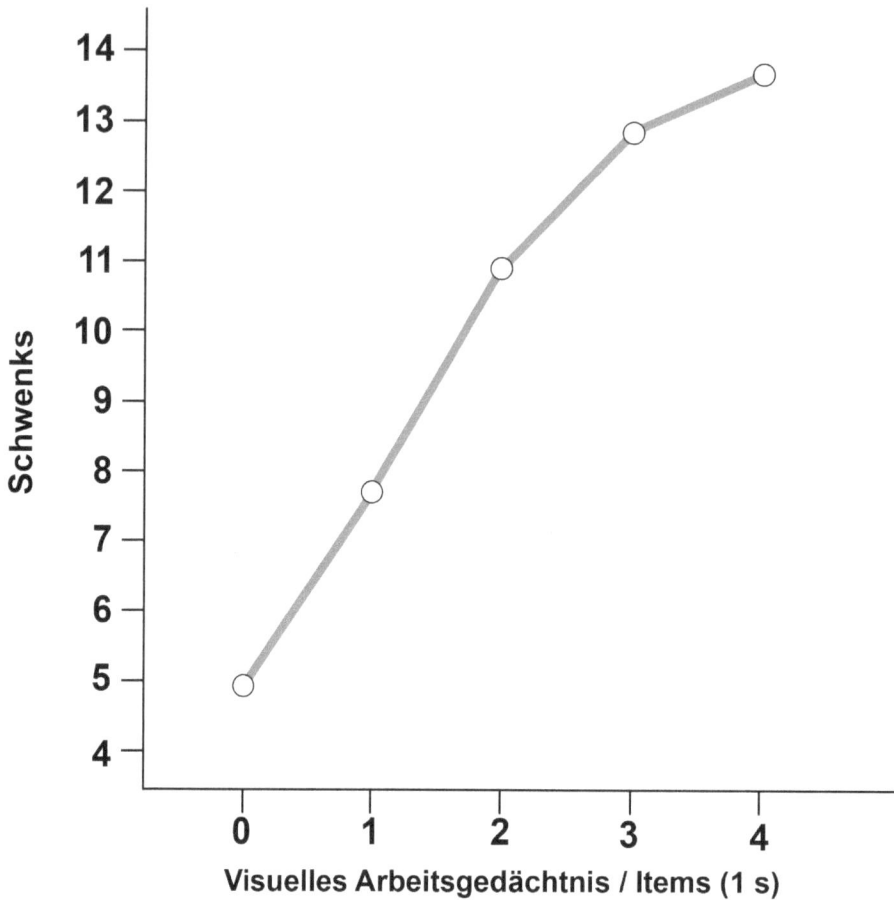

Abb. 13: *Das Verständnis von fünfzehn Schwenks unterschiedlicher Geschwindigkeit, Schwenkrichtung und Anzahl der Objekte wurde zur zweiten Testsession (T2) in einem interaktiven Teddy Tom Test zum Schwenkverständnis getestet (TTT pan): Die Fragen konnten dann richtig beantwortet werden, wenn der zu Grunde liegende Schwenk verstanden worden war (Die Darbietungsdauer der Matrizen im MFBT betrug 1 Sekunde).*

8.3.4 Visuelles Arbeitsgedächtnis

Die statistische Auswertung zeigt eine höchst signifikante Korrelation zwischen vAG und Alter: $r = .655^{***}$, η_{p}^{2} (Alter) $= .457^{***}$. Post hoc Tests zeigen höchst signifikante Kontraste ($p< .001$) zwischen den Altersgruppen 3 und 5 sowie 3 und 6 Jahre, signifikante Kontraste zwischen Vier- und Sechsjährigen ($p = .010$) als auch Fünf- und Sechsjährigen ($p = .021$). Für Kinder im Alter von vier und fünf Jahren wurde kein signifikanter Unterschied gefunden ($p = .863$).

Tab. 7: *Korrelationskoeffizienten von sechs Messungen mit einer Darbietungszeit von 1 Sekunde*

Korrela-tionskoeff.	T2	T3	T4	T5	T6
T1	.75	.63	.67	.65	.59
T2		.81	.74	.78	.74
T3			.66	.68	.71
T4				.71	.65
T5					.78

p < .001 für alle Korrelationskoeffizienten; Reliabilität R= .71

Anm.: Die Reliabilität wurde berechnet als Re-Z-Transformierte der Mittelwertkoeffizienten mit R= .71 (p<.001).

8.3.5 Wahrnehmungsgeschwindigkeit

Bei der ersten Messung (T1), der vierten (T4) und der letzten nach acht Monaten (T6) wurden die Matrizen mit unterschiedlichen Darbietungszeiten präsentiert. Bei T1 (*Abb. 14, links*) steigen die Item-Werte höchst signifikant (p<.001) mit dem Alter und der Darbietungslänge an: für 1 Sekunde beträgt η^2 (1Sek/Alter) = .403, für 3 Sekunden η^2 (3Sek/Alter) = .366 und für 5 Sekunden η^2 (5Sek/Alter) = .409. Die leichteste Aufgabe, sich bei einer Darbietungszeit von 5 Sekunden 1 Item zu merken und nachzulegen, kann fast jedes zweite (.4) dreijährige Kind lösen, zeigt man die Matrizen nur eine Sekunde lang, ist keines dieser Kinder mehr dazu in der Lage. Für Vier- bis Sechsjährige beträgt der Mittelwert 1 Item, mit zunehmender Darbietungsdauer nimmt er in allen Altersgruppen zu.

Dem zu Folge ist die gemessene Kapazität des vAG stark abhängig von der Beziehung zwischen Präsentationsdauer und Wahrnehmungsgeschwindigkeit - selbst bei sehr einfachen statischen Bildern wie den Matrizen fällt es den jüngeren Kindern schwer, sie zu replizieren: Je kürzer die Darbietungsdauer ist, desto schlechter sind die Ergebnisse.

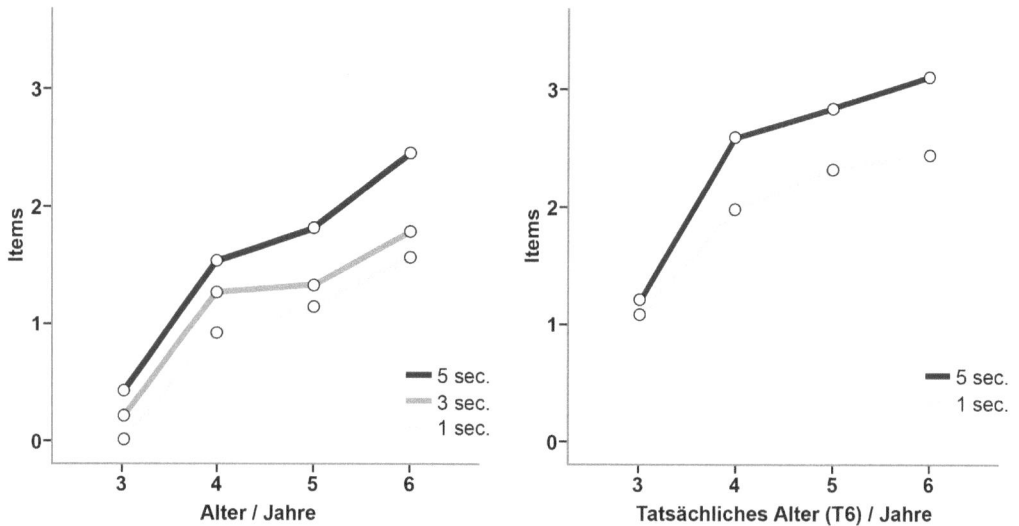

Abb. 14: *Das visuelle Arbeitsgedächtnis (in Items) in Abhängigkeit von Alter und Darbietungsdauer der Matrizen. Korrelationen sind jeweils höchst signifikant (p < .001).* **Links:** *Die (untrainierten) Kinder in Alterskohorten zu Beginn (T1) des Tests.* **Rechts:** *Dieselben Kohorten acht Monate später (T6), dann trainiert und acht Monate älter.*

8.3.6 Trainings- Effekte

Zum Zeitpunkt T6 *(Abb. 14, rechts)* sind die Kinder gegenüber T1 acht Monate älter und haben den Test bereits fünf Mal zuvor absolviert. In die veränderte Leistung der Kinder gehen also sowohl Alters- als auch Lerneffekte ein Um sie zu separieren wurde ein Querschnittsvergleich betrachtet: die Daten der letzten Messung (T6) wurden mit denen der ersten Messung (T1) für Kinder gleichen Alters verglichen. Dafür wurden die Kinder den entsprechenden Alterskohorten neu zugeordnet.Der Alterseffekt wird somit eliminiert, der Trainingseffekt lässt sich durch den Vergleich der Alterskohorten zu Beginn *(Abb. 15, links)* und der gleichen Alterskohorte (nicht der gleichen Kinder) acht Monate später *(Abb. 15, rechts)* darstellen (- diese so bestimmten Trainingseffekte unterliegen zwar Kohorteneffekten, allerdings werden diese auf Grund des geringen Zeitunterschiedes von acht Monaten als vernachlässigbar angesehen).

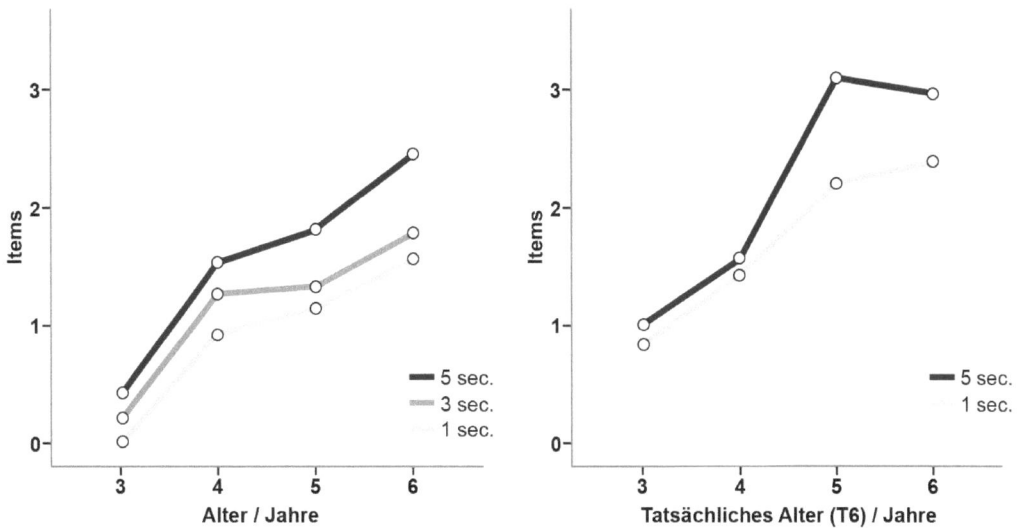

Abb. 15, links: *visuelles Arbeitsgedächtnis (vAG) ungeübter Kinder (T1) in Abhängigkeit vom Alter.*
Rechts: *vAG gleichalter Kinder, die den Test bereits fünf Mal absolviert haben (T6).*

Die Analyse der Trainingseffekte zeigt, dass sich die Dreijährigen bei allen Darbietungslängen um 1 Item verbessert haben. Die Vierjährigen haben sich nur bei den schnellen, nicht aber bei den langsamen Darbietungen verbessert, hier hat das Training hauptsächlich die Wahrnehmungsgeschwindigkeit verbessert; anscheinend ist für dieses Alter das Limit des vAG mit durchschnittlich 1.4 Items erreicht. Fünfjährige zeigen mit 3.0 Items das beste Ergebnis, Verbesserungen durch das Training sind für alle Darbietungslängen festzustellen, möglicherweise würde eine noch längere Darbietungszeit noch höhere Werte ermöglichen. Sechsjährige zeigen ähnliche Werte wie Fünfjährige. Zusammengefasst lassen sich für alle Altersgruppen starke Trainingseffekte feststellen.

Der MFBT wurde während einer Zeit von acht Monaten sechs Mal mit einer Darbietungsdauer von 1 Sekunde durchgeführt (*Abb. 16*). Für die älteren Kinder war der Lerneffekt insbesondere bei der ersten Wiederholung sehr hoch, bei den jüngeren war der Leistungszuwachs weniger offensichtlich.

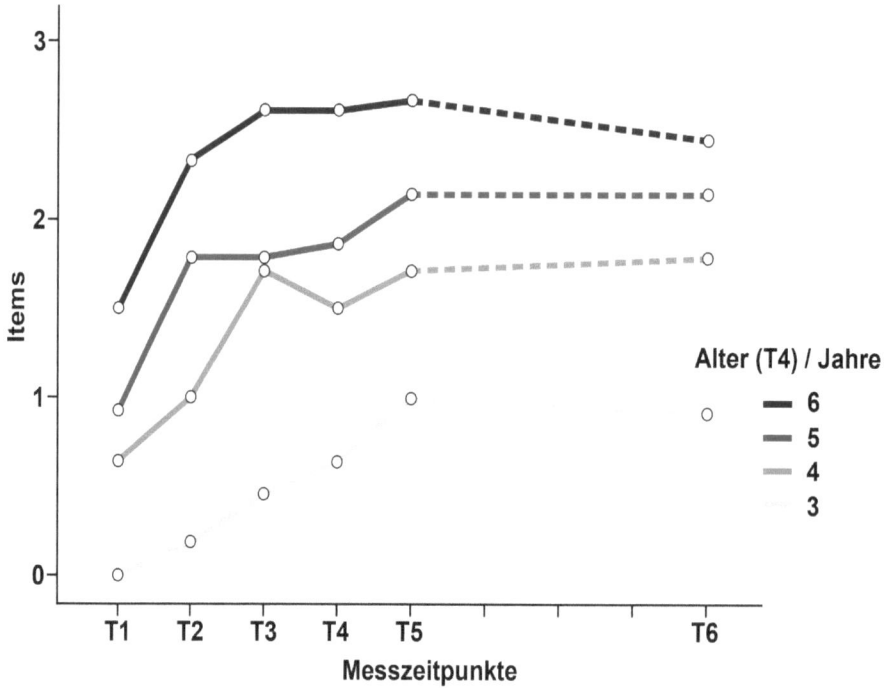

Abb. 16: *Sechs Mal wurde der MFBT während einer Zeit von acht Monaten durchgeführt (T1 bis T5 jeden Monat, T6 vier Monate nach T5), die Darbietungsdauer der Matrizen betrug jeweils 1 Sekunde.*

8.3.7 Gender Effekte

Neben den Alterseffekten konnten auch signifikante Geschlechtseffekte festgestellt werden mit $r_p = .42{*}{*}{*}$, η_i^2 (Sex) = .08 (p = .037). Bei etwa gleich hohem Level mit drei Jahren haben die Jungen im Alter von vier und fünf Jahren im Allgemeinen eine höhere Wahrnehmungsgeschwindigkeit und eine größere vAG-Kapazität als Mädchen gleichen Alters (*Abb. 17*). Darüber hinaus erreichen Jungen nach einigen Versuchen für die kurzen Darbietungen fast die gleichen Werte wie für die langen. Fünfjährige Jungen erreichen die höchsten Werte von durchschnittlich knapp vier Items bei 5 Sekunden Darbietungslänge, allerdings nimmt diese Leistung bei den sechsjährigen wieder ab. Dieser Effekt wurde bereits von Vuontela et al. (2003) mit n-back tasks gefunden und als Ergebnis von Langeweile interpretiert, allerdings könnte der Leistungsabfall auch auf altersbedingte Beeinträchtigungen zurück zu führen sein. Mit sechs Jahren wird das vAG-Level der Jungen auch von den Mädchen erreicht, so dass darüber hinaus keine weiteren Gender-Effekte mehr festgestellt wurden.

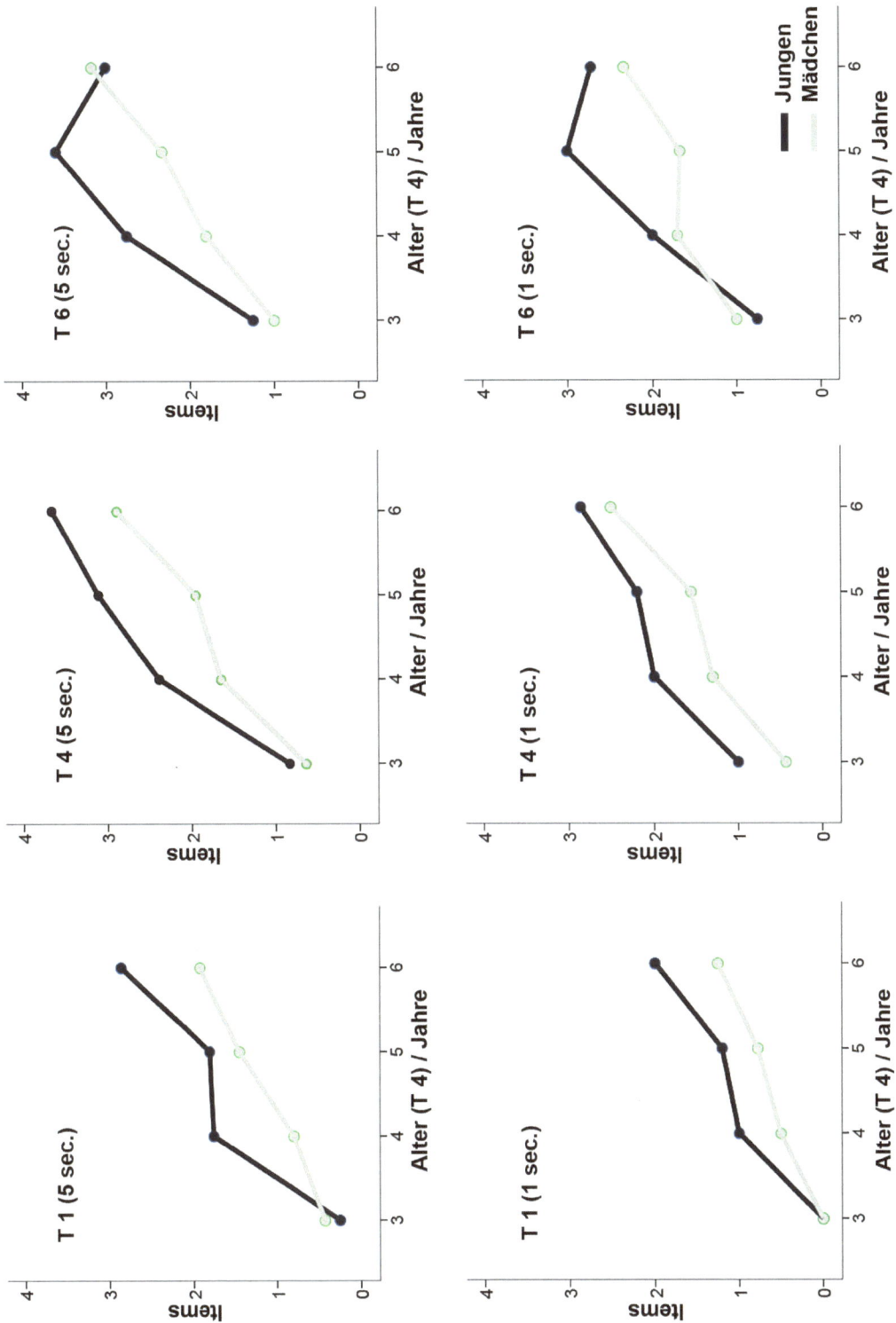

Abb. 17: *Korrekt replizierte Items in Abhängigkeit von Alter, Geschlecht und Darbietungsdauer (Dd).* **Obere Reihe:** *Messungen zum Zeitpunkt T1, T4 und T6 mit 5 Sekunden Dd.* **Untere Reihe:** *Messungen bei T1, T4 und T6 mit 1 Sekunde Dd).*

8.4 Diskussion

Es konnte gezeigt werden, dass der *Matrix Film Battery Test*, ein 4x4-Matrizentest als Adaption des 3x3-Matrizentests, eine reliable und valide Methode zur Bestimmung des vAG von Vorschulkindern ist. Dazu wurde die Reliabilität über verschiedene Methoden bestimmt und die Validität mit dem Schwenkverständnis als Außenkriterium mit R = .8 berechnet.

Der *MFBT* wurde mit Kindern ab drei Jahren durchgeführt. Nur zwei Kinder mit kognitiven Defiziten konnten die Aufgabe nicht lösen, entsprechend einer gleichzeitig präsenten Vorlage auf einem Monitor ein Kärtchen auf eine Tafel zu legen. Trotzdem sollten die Kinder auf Grund verschiedener entwicklungsbedingter Schranken nicht jünger sein (siehe Diamond, 2002). Am anderen Ende der Alterskala ist der Test nicht unbedingt auf Sechsjährige begrenzt, da keines der Kinder das Limit von 8 Items erreichte.

Entsprechend früherer Studien zur Entwicklung des vAG bei älteren Kindern konnte bestätigt werden, dass die Kapazität des vAG auch bereits in der frühen Kindheit mit dem Alter zunimmt. Die Ergebnisse deuten darauf hin, dass dies die Folge unbewussten Trainings kognitiver Fähigkeiten durch alltägliche Aufgaben, Spiel und Lernen ist. Da ein solches Training des vAG auf erhöhter Aktivierung im präfrontalen und parietalen Kortex beruht (Olesen, Westerberg, & Klingberg, 2005), müssen die Voraussetzungen der entsprechenden kortikalen Entwicklung gegeben sein, die sich im Laufe der frühen Kindheit entwickeln: Verbesserung der Inhibition, Reduktion der synaptischen Dichte und Voranschreiten der Myelinisierung (Nelson, de Haan, & Thomas, 2006). Die starken Lerneffekte, die durch die Anwendung des MFBT erzielt wurden, bestätigen die Annahme, dass ein spezifisches Training möglich ist, wie es bereits für andere kognitive Funktionen bei Kindern ab vier Jahren evaluiert wurde (z.B. Rueda, Rothbart, McCandliss, Saccomanno, & Posner, 2005). Auch wenn Kohortenunterschiede prinzipiell nicht ausgeschlossen werden können, scheinen sie im Rahmen dieser Untersuchung eher eine untergeordnete Rolle zu spielen. Darüber hinaus konnte auf jeden Fall aber gezeigt werden, dass die Ergebnisse von Messungen des vAG nicht nur von der individuellen Speicherkapazität abhängen, sondern auch von der individuellen visuellen Wahrnehmungsgeschwindigkeit. Diese wurde bislang wenig untersucht, insofern ist unklar, ob neuro-kognitive oder visuell-physische Faktoren hierfür verantwortlich sind. Unabhängig von der Betrachtung der Ursache scheint sie aber trainierbar zu sein. Vor allem dreijährige Kinder scheinen von einem solchen Training zu profitieren, da zunächst keines von ihnen in der Lage war, die Aufgabe (ohne Test/Training) für 1 Sekunde Darbietungslänge richtig zu lösen. Des Weiteren sollten die Ergebnisse bisheriger Untersuchungen zum vAG bezüglich des Aspektes der Wahrnehmungsgeschwindigkeit noch einmal überprüft werden.

Es wurde auch ein signifikanter Geschlechtseffekt festgestellt: Jungen in der untersuchten Altersgruppe haben im Allgemeinen eine höhere vAG-Kapazität und eine höhere Wahrnehmungsgeschwindigkeit als die Mädchen. Dies könnte auf besseren räumlichen oder visuell-räumlichen Fähigkeiten basieren, wie es auch für ältere Kinder angenommen wird. Die Leistungen der Mädchen werden mit jedem Versuch besser, während sich die der Jungen ab sechs Jahren deutlich verschlechtern. Dies wurde schon in früheren Studien mit anderen Aufgaben festgestellt und mit Langeweile begründet (Vuontela et al., 2003). Falls dem so ist, sollte dies vor allem bei der Unterrichtung von Schulanfängern durch eine geschlechtsspezifische Darbietung berücksichtigt werden: Zunehmende Anzahl der Wiederholungen und längere Präsentationszeiten unterstützen demnach die Merkleistung visueller Darbietungen bei den Mädchen, während sie in gleicher Weise zu einem Interessensverlust bei den Jungen führen.

8.5 Ausblick

Selbst mit dem Training haben Dreijährige große Probleme, sich die Lage eines einfachen Objektes zu merken, das fünf Sekunden lang präsentiert wird - bereits ohne jegliche zusätzliche Audio-Information. Die Frage ist, in wie weit diese Kinder in der Lage sind, herkömmliche Filme oder Videos mit wesentlich mehr visuellem Inhalt in den einzelnen Bildern, einer neuen Einstellung etwa alle drei Sekunden, zusätzlichem Ton, Schnittfolgen, die Medienkompetenz voraussetzen, und mindestens einem Handlungsstrang zu verstehen. Die Abhängigkeit des Verständnisses filmtechnischer Elemente vom vAG ist daher Gegenstand weitere Untersuchungen. Eine Verlängerung der Einstellung könnte nach den Ergebnissen dieser Untersuchung aber zumindest eine große Erleichterung für jüngere Kinder sein.

Der vorgestellte *MFBT* ist ein einfach anzuwendendes Tool, um das vAG und die Wahrnehmungsgeschwindigkeit sehr junger Kinder zu testen. Darüber hinaus trainiert es diese Variablen und ist daher auch zur Verbesserung dieser Fähigkeiten einsetzbar: Trainingseinheiten könnten bereits bei Dreijährigen spielerisch mit in den Kindergartenalltag integriert werden. Da das vAG als verantwortlicher Prädiktor für Schulfähigkeiten gilt (z.B. Alloway et al., 2005), könnten mit dem MFBT kognitive Voraussetzungen auf einfache Weise unterstützt und insbesondere kognitiv schwächere Kinder trainiert werden.

9. Zum Schwenkverständnis drei- bis sechsjähriger Kinder

Dieses Kapitel basiert auf dem folgenden Artikel, der für diese Dissertation angepasst wurde:

Pittorf, M. L., Lehmann, W., & Huckauf, A. (2014b). The Understanding of Pans in 3- to 6-year-old Children. *Media Psychology*, *17 (3)*, 332-355.

9.1 Einleitung

Untersucht wurde das Schwenkverständnis von Kindern ab drei Jahren in Abhängigkeit der in Kapitel 3 explorierten relevanten Faktoren Alter, vAG, Geschlecht, Schwenkgeschwindigkeit sowie täglicher Fernsehkonsum. Mittels der Ergebnisse sollte ein entsprechendes qualitatives und quantitatives Modell für das Schwenkverständnis verifiziert werden.

9.2 Methode

9.2.1 Stichprobe

Die Untersuchung wurde in zwei kommunalen Kindergärten in der Nähe von Magdeburg (Sachsen-Anhalt) als Einzeltest durchgeführt. Zwei Kinder wurden ausgeschlossen, weil sie die Minimalaufgabe im Matrix Film Battery Test (MFBT), Nachlegen einer gleichzeitig präsenten Vorlage (eine 4x4 graue Felder-Matrix mit einem schwarzen Feld), nicht erfüllen konnten. Die kognitiven Defizite der beiden Kinder wurden im Nachgang bestätigt. Bei einem weiteren Kind wurde eine Farbfehlsichtigkeit festgestellt, die keine ordentliche Versuchsdurchführung erlaubte. Die 60 untersuchten Kinder (Durchschnittsalter zu Beginn 4.53 Jahre, SD= 1.13, female/male ratio =1.8) waren in den Altersgruppen 16 Dreijährige, 10 Vierjährige, 20 Fünfjährige und 14 Sechsjährige. Ein Fragebogen wurde von 37 Elternpaaren beantwortet.

9.2.2 Stimuli

9.2.2.1. **Teddy TOM Test** (*TTT intro*). In diesem Film führt ein Teddy als Avatar ein quasi-interaktives Gespräch mit dem Kind (siehe Abb. 1). Nach jeder Frage des Teddys wird der Film kurz angehalten und erst nach der Antwort des Kindes fortgesetzt. Danach nimmt der Teddy scheinbar Bezug auf die (vorhersehbare) Antwort des Kindes, so dass bei dem Kind der Eindruck entsteht, mit Teddy Tom im Zwiegespräch zu sein. Der Teddy fragt nach Namen und Alter und bittet das Kind um Hilfe, fünf Bälle abzuzählen und fünf Farben zu benennen.

Auch wird an drei Schwenks und fünf Umschnitten bereits das Prinzip späterer Fragestellungen durchgespielt. Teddy Tom und seine Freunde sind Handpuppen, die Hintergründe sind animiert, die reine Filmlänge beträgt 3 Minuten 30 Sekunden, insgesamt dauert der Film mit Antworten ca. 5 Minuten.

9.2.2.2. Teddy TOM Test (*TTT pan*). Dieser Film funktioniert nach dem gleichen Prinzip: Nach einigen warm up- Fragen wird dem Kind von Teddy Tom eine Geschichte erzählt, in deren Verlauf er das Kind um Hilfe bittet und Fragen stellt. Die 14 Fragen zum Schwenk-verständnis sind so konzipiert, dass sie nur richtig beantwortet werden können, wenn das Kind den zu Grunde liegenden Schwenk verstanden hat („welche Kiste ist näher am Baum, die rote oder die gelbe?"). Vier der Schwenks sind langsam mit einer Schwenkdauer von 4 Sekunden, bei den vier schnellen Schwenks dauert die Schwenkbewegung jeweils nur 1 Sekunde. Die Gesamt-dauer des Films beträgt 7 Minuten 45 Sekunden.

9.2.2.3. Matrix Film Battery Test (*MFBT*). Im Anschluss an die Schwenk-Untersuchung wird ein MFBT zur Bestimmung des vAG durchgeführt. Dabei sollen die Kinder ein Bild nachlegen, das eine bestimmte Zeit auf einem Monitor gezeigt wird. Auf einer 4x4 Matrix ursprünglich nur grauer Felder werden in zunehmendem Maße schwarze Felder hinzu-gefügt und dieses Bild 5 Sekunden präsentiert (*siehe Abb. 2*). Wenn drei von fünf Bildern mit gleicher Anzahl schwarzer Kästchen (Items) rekapituliert werden können, wird ein Film mit der nächst schwierigeren Aufgabengruppe (mit einem Kästchen mehr) gezeigt. Als Kapazität des vAG (in Items) wird die maximale Anzahl der Kästchen der noch gelösten Aufgabengruppe angesehen. Die Reliabilität des Tests wird mit R=.71 angegeben (Pittorf et al., 2014a), dies wird für die untersuchte Altersgruppe als ausreichend betrachtet.

9.2.2.4. Elternfragebogen. Darüber hinaus wurden die Eltern schriftlich zum TV-Konsum ihrer Kinder befragt. Angegeben werden sollten u. a. die Lieblingssendung sowie die tägliche Fernsehzeit. Die Fragen wurden von 37 Elternpaaren beantwortet.

9.2.3 Durchführung

In einer ersten Einzeluntersuchung wurde ein TTT intro (*siehe A. 1*) durchgeführt und im Anschluss das visuelle Arbeitsgedächtnis mit Hilfe eines MFBT getestet. Das Verständnis der Begriffe „höher", „näher" und „am nächsten" wurde überprüft und ggf. anschaulich bis zum Verständnis erklärt. Einen Monat später, wenn den Kindern Testsituation, Testarten, Testleiter und Teddy bereits bekannt waren, wurde in einer zweiten Sitzung das Verständnis der drei Begriffe wiederholt überprüft. Anschließend wurden ein TTT pan (*siehe A. 2*) zum Schwenk-verständnis und ein MFBT durchgeführt.

Die Untersuchung wurde in einem separaten, ruhigen Raum der jeweiligen Einrichtung als Einzelversuch vormittags von 8.30 bis 12 Uhr durchgeführt. Eine schriftliche Einwilligung der Eltern zur Teilnahme ihres Kindes wurde vorab eingeholt, die Kinder wurden jeweils zu Beginn der Testung gefragt, ob sie den Test machen wollen. Im Nachgang der Gesamtuntersuchung erhielten die Kinder ein Geschenk und die beiden Einrichtungen jeweils einen CD-Player.

Die Fragen des Teddys wurden von allen Kindern beantwortet. Über die Untersuchung der Kinder hinaus wurden die Eltern in einem Fragebogen zum täglichen Fernsehkonsum ihres Kindes befragt (Rücklaufquote 62%).

9.3 Ergebnisse und separate Diskussionen

9.3.1 Vorbemerkungen

In den folgenden Berechungen werden Korrelationen durch Pearson´s Korrelationskoeffizient angegeben, das Signifikanzlevel wird durch Sterne abgekürzt: * ($p < .05$), ** ($p < .01$) und *** ($p< .001$). Der Einfluss des Alters oder des vAG wird teilweise durch zusätzliche partielle Korrelationen r_p berücksichtigt. Statistische Unterschiede werden durch einfache oder multiple Varianzanalysen (ANOVA) mit η^2 als Effektstärke berechnet. Um die Zusammenhänge quantitativ zu beschreiben werden schließlich multi-lineare Regressionen berechnet, um den Einfluss möglicher Mediatoren bzw. Moderatoren zu bestimmen wurde dazu das SPSS-Modul PROCESS (Hayes, 2013) verwendet. Die Signifikanz der indirekten Effekte wurde mittels Bootstrap-Analyse (m=10.000 Ziehungen) überprüft.

Bei der Messung der vAG-Werte für 1 Sekunde Darbietungslänge wird offensichtlich die Wahrnehmungsgeschwindigkeit (WG) stärker berücksichtigt als bei vAG (5 sec). Darüber hinaus zeigten insbesondere ältere Kinder teilweise für die kurze Darbietungslänge höhere vAG- Werte als für die längere Darbietung. Um den Einfluss der WG aus der vAG-Messung zu separieren und die maximale vAG-Kapazität zu berücksichtigen wurde deshalb der höhere Wert der beiden Messungen (vAG max) berechnet, der im Folgenden als vAG-Wert bezeichnet wird.

9.3.2 Schwenkaufgaben

Im Testfilm *TTT pan* wurden bei sechs Schwenkaufgaben für die Antworten verschiedene Lösungsmöglichkeiten in einem Split-Screen nebeneinander angeboten. Diese wurden in der Auswertung nicht berücksichtigt. Erst im Nachgang der Untersuchung wurde deutlich, dass die Kinder mit dieser Variante Probleme hatten: es erfordert letztendlich unabhängig vom eigentlichen Untersuchungsgegenstand auch die Fähigkeit, Unterschiede zwischen den vier Bildern zu erkennen, zudem handelt es sich um eine Art "Wegsprung", der eine visuelle Größentransformation erfordert. Insbesondere bei den jüngeren Kindern kam es (dadurch) zu dem Effekt, dass die einmal gewählte Position der vermeintlichen Lösung auch für die Folgeaufgaben genannt wurde. Der erste Schwenk wurde ebenfalls nicht mit in die Auswertung einbezogen, da letztendlich auch ein Wegsprung Teil der Aufgabe war. Damit standen 12 Schwenks für die Auswertung zur Verfügung.

Die Normalverteilung der richtigen Antworten auf die 12 Schwenk-Fragen (M = 7.60, SD = 3.09) wurde durch einen Kolmogorow-Smirnov-Test bestätigt (Z = 1.355, p = .051). Es wurde minimal 1 Aufgabe richtig gelöst (von drei Kindern), der Maximalwert von 12 richtigen Aufgaben wurde von vier Kindern erreicht.

9.3.3 Zusammenhang zwischen SV und mutmaßlichen Prädiktoren

9.3.3.1. Schwenkverständnis, Alter und visuelles Arbeitsgedächtnis. Das Schwenkverständnis (SV) korreliert hoch mit dem Alter (r=.665***) und dem vAG (r=.693***; Abb. 18). Bei partiellen Korrelationen mit dem Alter als Kontrollvariablen (Tab. 8) bleibt der signifikante Zusammenhang zwischen SV und vAG (r_p = .481***) bestehen, ebenso bleibt bei partiellen Korrelationen mit dem vAG als Kontrollvariablen auch der Zusammenhang zwischen SV und Alter signifikant (r_p = .418**, p=.001). ANOVAs mit den Einzelfaktoren zeigen signifikante Effektstärken für das Alter von η^2 = .471*** und das vAG von η^2 = .646***, in einer ANOVA mit beiden Faktoren ist nur mehr der Einfluss des vAG signifikant.

Post hoc Tests zeigen für das vAG drei signifikant unterschiedliche Gruppen mit 0, 1 und 2 Items, ein vAG mit einer höheren Leistung bringt gegenüber einer Kapazität von 2 Items keine signifikante Verbesserung des SV mehr. Mithin scheinen 2 Items für das allgemeine SV hinreichend zu sein.

Tab. 8: Bivariate und partielle Korrelationskoeffizienten.

	SV	Alter	Geschlecht	vAG (5sec)	vAG (1sec)	vAG max	TV	schnelle	langsame
N=	60	60	60	60	60	60	37	60	60
Schwenkverständnis		.665***	.221 (.089)	.651***	.711***	.693***	.253 (.130)	.848***	.782***
Alter	.218 (.097)		.089 (.498)	.586***	.670***	.671***	.575***	.530***	.406** (.001)
Geschlecht	.431** (.001)	Kontroll-var.		.273* (.035)	.296* (.022)	.300* (.020)	.202 (.231)	.190 (.146)	.128 (.328)
Visuelles Arbeitsgedächtnis (5 s)	.479***	Kontroll-var.	.274* (.036)		.812***	.889***	.211 (.210)	.580***	.485***
Visuelles Arbeitsgedächtnis (1 s)	.481***	Kontroll-var.	.319* (.014)	.697***		.946***	.247 (.141)	.530***	.538***
Visuelles Arbeitsgedächtnis (max)		Kontroll-var.	.313* (.016)	.827***	.911***		.221 (.189)	.583***	.499***
Täglicher TV-Konsum	-.211 (.216)	Kontroll-var.	.185 (.281)	-.190 (.267)	-.228 (.182)	-.209 (.222)		.225 (.180)	.017 (.919)
Schnelle Schwenks	.783***	Kontroll-var.	.169 (.201)	.392** (.002)	.279* (.032)	.383** (.003)	-.115 (.506)		.524***
Langsame Schwenks	.750***	Kontroll-var.	.101 (.445)	.334* (.010)	.392** (.002)	.345** (.007)	-.289 (.088)	.345* (.040)	

Anm. Rechts der Diagonalen: Pearson´s Korrelationskoeffizient r (Signifikanz-Level p in Klammern), links der Diagonalen: partielle Korrelation mit Alter als Kontrollvariablen

	SV	Alter
Alter	.419* (.011)	
Geschlecht	-.014 (0.936)	-.070 (.687)
Visuelles Arbeitsgedächtnis (5 s)	.037 (.832)	-.153 (.373)
Visuelles Arbeitsgedächtnis (1 s)	.262 (.122)	.199 (.244)
Täglicher TV-Konsum	.108 (.532)	.443** (.007)
Schnelle Schwenks	.756***	.267 (.115)
Langsame Schwenks	.688***	-.020 (.906)

Anm. Partielle Korrelationen mit Alter als Kontrollvariablen

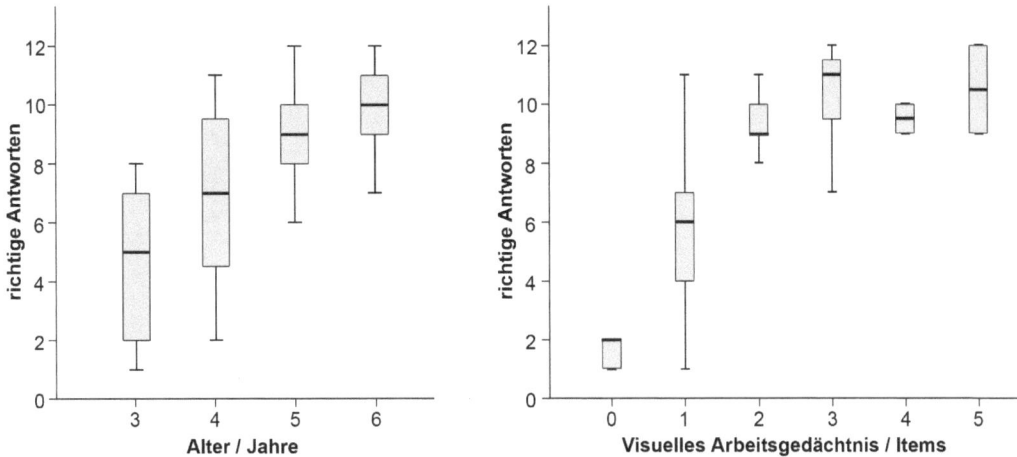

Abb. 18: *Das Schwenkverständnis der drei- bis sechsjährigen Kinder, dargestellt durch die Mittelwerte richtiger Antworten auf die Schwenkfragen, in Abhängigkeit von Alter* (**links**) *und visuellem Arbeitsgedächtnis* (**rechts**).

Da sich das vAG mit dem Alter entwickelt, ist davon auszugehen, dass bei der hohen Korrelation der Parameter untereinander das vAG als Mediator bezüglich des Schwenkverständnisses wirkt (*Abb. 19*). Alle vier Bedingungen (nach Holmbeck, 1997; Baron & Kenny, 1986) sind erfüllt:

a) UV (Alter) signifikanter Einfluss auf Mediator M (vAG)

b) UV signifikanter Einfluss auf AV (Schwenkverständnis; ohne Kontrolle M)

c) M signifikanter Einfluss auf AV

d) Effekt von UV auf AV wird kleiner, wenn M als Prädiktor mit in Regression.

Der Normal-Theory-Test (Sobeltest; Preacher & Leonardelli, 2004) bestätigt mit p= .0013 den signifikanten Effekt des Mediators. Für das Modell werden die standardisierten Werte mit ANOVAs berechnet: R=.760***, R-sq= .578, SD= 2.0636, die Regression mit F=27,230 ist höchst signifikant (p<.001). Der indirekte Effekt (R = .275***) wird aus der Interaktion von Alter /vAG (R=.687***) und der Regression von vAG auf SV (bei Gegenwart von Alter, R=.401**) berechnet. Das entsprechende Modell wurde rechnerisch mit PROCESS überprüft und bestätigt:

SV(erw) = -.2446 + 1.128* vAG + 1.286 * Alter.

Varianzaufklärung durch Modell: 57.8% / 58.7%

R=.760*** / .766***; R-sq = .578*** / .587***

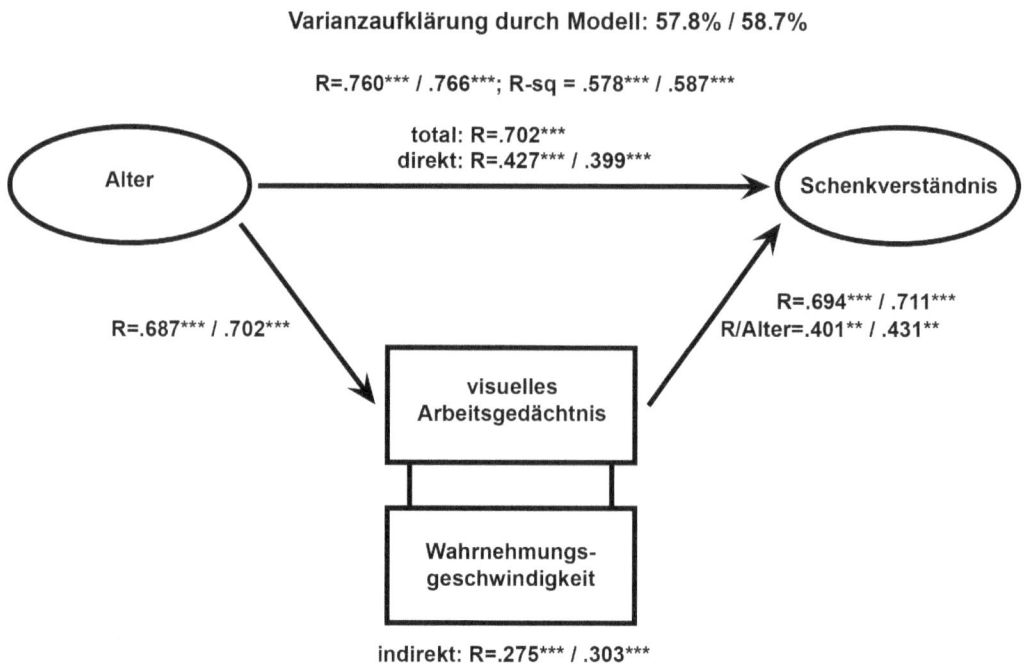

Abb. 19: *Das Modell mit Alter als UV und vAG als Mediator kann mehr als die Hälfte der Varianz des Schwenkverständnisses erklären. Angegeben sind die standardisierten Regres-sionswerte für das visuelle Arbeits-gedächtnis ohne und mit Einfluss der Wahrnehmungsgeschwindigkeit: vAG (max) / vAG (1 Sekunde).*

Die Berechnungen für vAG (1sec) ergeben eine signifikante Aufklärung der Varianz des Schwenkverständnisses durch das Modell (R=.766***) von 58,7%. Die Varianz des gemessenen vAG wird dabei etwa zur Hälfte vom Alter aufgeklärt (r Alter vAG = .702***; R-sq =.493), der indirekte Effekt beträgt r = .303***:

SV (erw) = -.0546 + 1.243 * vAG (1sec) + 1.203 * Alter.

Die Homoskedaszität ist sowohl durch optische Überprüfung der Varianz der Residuen über die Werte der abhängigen Variablen gegeben als auch nach Glejser (1969) durch die lineare Regression der Absolutwerte der Residuen (AV) auf die geschätzte abhängige Variable (UV), da die Nullhypothese, dass Homoskedaszität herrscht, nicht verworfen werden kann (p= .129).

Der Korrekturfaktor Alter x vAG (1sec) (bzw. Alter x vAG) wird in das Modell integriert (das konzeptionelle Pendant zeigt Abb. 20 als grauen Pfeil), so dass das Alter zusätzlich als Moderator auf das vAG wirkt: Mit zunehmendem vAG wirkt sich das Alter reduzierend auf

Varianzaufklärung durch das Modell: 67.1%

R-sq= .6709***

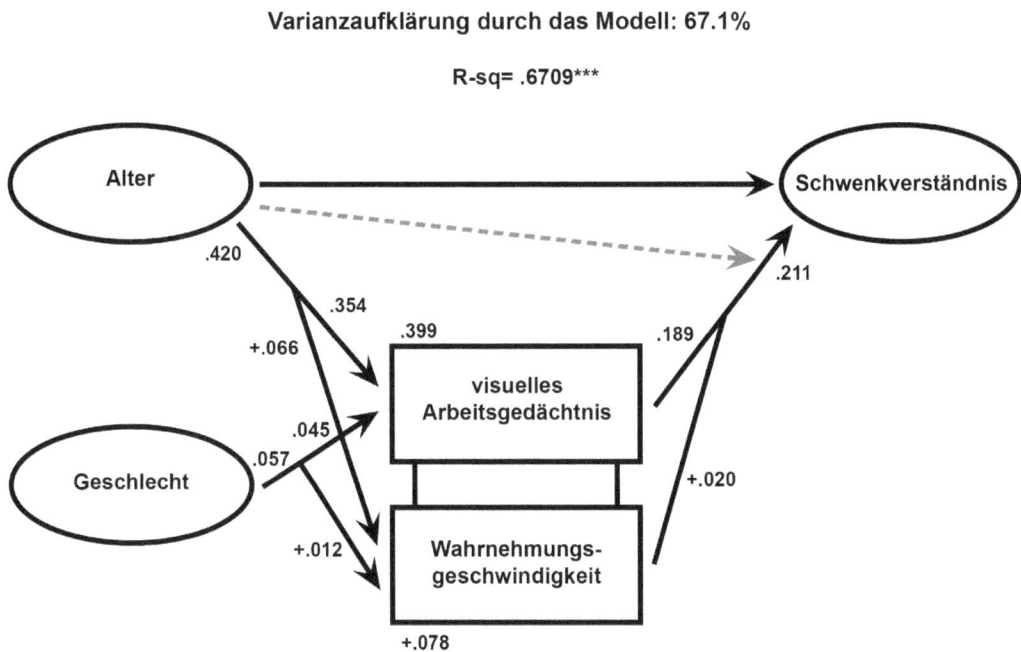

Abb. 20: *Varianzaufklärungen. Die Berücksichtigung der Wahrnehmungsgeschwindigkeit in der vAG-Messung mit 1 Sekunde Darbietungslänge erhöht die Erklärung der Varianz des Schwenkverständnis (SV) durch das vAG um 2%. Wird der Effekt aus dem vAG herausgerechnet, taucht der Altersanteil stattdessen im direkten Effekt des Alters mit auf. Dargestellt sind die jeweiligen Varianzaufklärungen bzw. Effektstärken R-sq. Ein signifikanter Korrekturfaktor (grauer Pfeil) erhöht die Varianzaufklärung des SV durch das Modell auf rund zwei Drittel.*

das SV aus. Die Berechnung wird mit PROCESS (Modell 74) durchgeführt, die Werte aller Faktoren sind signifikant bzw. liegen innerhalb der Konfidenzintervalle. Durch dieses Modell werden 67,1% der Varianz des SV aufgeklärt:

SV(erw.) = 8,18 + 1,36 *vAG (1sec) + 0,51 *Geschlecht - 0,85 *(Alter *vAG (1sec)).

9.3.3.2. Schwenkverständnis und Geschlecht. Die Korrelation mit dem Geschlecht ist (nur) einseitig signifikant (r=.221), Jungen verstehen demnach Schwenks besser als Mädchen. Darüber hinaus korreliert das Geschlecht hoch mit dem vAG, mithin scheinen Jungen eine höhere vAG-Kapazität zu haben (Abb. 21). Da das Geschlecht zudem mit vAG (1 sec) noch höher korreliert, scheint bei Jungen auch die WG im Allgemeinen höher zu sein.

Bei Berücksichtigung des vAG als Kontrollvariable ist kein relevanter Zusammenhang zwischen

SV und Geschlecht mehr erkennbar, lineare Regressionen zeigen ebenfalls keinen signifikanten direkten Zusammenhang zwischen Geschlecht und SV (p=.344). Mithin scheint das Geschlecht insbesondere über das vAG eine signifikante Rolle zu spielen. Eine ANOVA mit dem vAG als abhängiger Variablen zeigt denn auch Alter ($\eta2$=.416***) und Geschlecht ($\eta2$=.141**, p=.005) als signifikante Koeffizienten.

Betrachtet man daher die Geschlechter getrennt, zeigt sich, dass Jungen die für das SV hinreichende vAG-Leistung von 2 Items im Allgemeinen bereits im Alter von 4 Jahren erreichen. Daher spielt das vAG ab vier Jahren hier keine signifikante Rolle mehr: so sind in einer linearen Regression des SV Alter (beta= .392, p=.109) und vAG (beta=.348, p=.152) als gemeinsame UV für Jungen nicht mehr signifikant. Das vAG allein erklärt (mit beta =.629, p=.001) rund 40% des SV (R-sq=.396). Der Moderatoreffekt (vAG x Alter) ist zwar allein signifikant (R-sq =.338, p=.004), nicht aber zusammmen mit dem vAG.

Bei den Mädchen wird das vAG-Level von 2 Items im Allgemeinen erst mit fünf Jahren erreicht, hier sind vAG und Alter entsprechend obigem Modell (mit R-sq = 60,37% (1 sec) bzw. R-sq = 65,48%) signifikante Parameter.

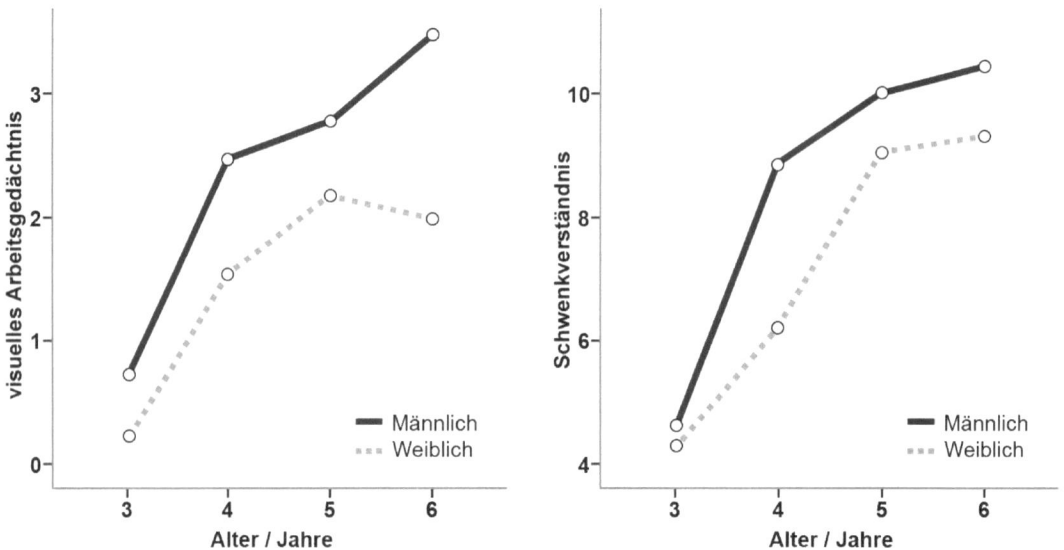

Abb. 21: *Das visuelle Arbeitsgedächtnis vAG (angegeben in Items, **links**) und das Schwenkverständnis SV (durchschnittliche Anzahl richtiger Antworten auf 12 Schwenkfragen, **rechts**) in Abhängigkeit vom Alter und nach Geschlecht. Jungen erreichen das für das SV notwendige vAG-Level von 2 Items bereits mit vier Jahren, Mädchen erst mit fünf.*

9.3.3.3. Berücksichtigung der Wahrnehmungsgeschwindigkeit. Um den Einfluss der WG zu aus der vAG-Messung zu separieren wurde der höhere Wert der beiden Messungen (vAG max) als weitgehend WG-unabhängig (für übliche Schnittelemente) berechnet und mit dem Modell bei 1 Sekunde Darbietung verglichen. Das vAG als Mediator wird durch die UV Alter und Geschlecht bestimmt, es werden deshalb für beide Geschlechter lineare Regressionen von Alter auf SV mit vAG (bzw. vAG (1sec)) als Mediator gerechnet. Die Interaktion zwischen den Variablen Alter und Geschlecht ist nicht signifikant, mithin kann angenommen werden, dass sie bzgl. des vAG unabhängig sind.

Für Jungen erhält man einen indirekten Effekt von R=.442*** (R=.477***), somit erklärt die WG zusätzlich zum vAG 3,22% der Varianz des SV. Für Mädchen macht die Varianzaufklärung durch die WG 2,49% aus (R= .282 bzw. R=.323). Wird der WG-Effekt aus dem vAG-Wert herausgerechnet, vergrößert sich im Modell stattdessen der direkte Einfluss des Alters entsprechend. Ein direkter signifikanter Einfluss der WG als eigenständiger Mediator lässt sich aus den vorliegenden Daten nicht ableiten.

9.3.3.4. Schwenkgeschwindigkeit. Um den Einfluss der Schwenkgeschwindigkeit auf das Verständnis zu untersuchen wurden jeweils vier schnelle und vier langsame Schwenks gemeinsam untersucht, jeweils mit drei bis vier neben- oder übereinander angeordneten Objekten. Schnelle und langsame Schwenks korrelieren jeweils mit dem Alter und mit dem vAG (*Tab. 8*). Unter Berücksichtigung des Alters korrelieren beide Gruppen signifikant mit dem vAG, die Korrelation zu vAG 1sec (mit Berücksichtigung der WG) wird knapp verfehlt. Alle partiellen Korrelationskoeffizienten liegen zwischen .312 und .340, so dass auf keine großen Unterschiede durch die Schwenkgeschwindigkeit geschlossen werden kann. Insbesondere zeigen schnelle Schwenks keine höhere Korrelation, wenn die WG berücksichtigt wird.

Partialisiert man das vAG aus, verschwindet zwischen den langsamen Schwenks und dem Alter der Zusammenhang fast völlig, mithin scheint das Verständnis langsamer Schwenks fast ausschließlich durch das vAG bestimmt zu sein. Bei schnellen Schwenks ist ein geringer Zusammenhang mit dem Alter vorhanden, wenn auch nicht signifikant.

Auch bei Betrachtung nach Geschlechtern bleibt bei einer linearen Regression das vAG für schnelle Schwenks bei Jungen (R=.525*) als auch bei Mädchen (R=.518**) relevant, ebenso bei langsamen Schwenks für Jungen (R=.724***) und Mädchen (R=.569***). Bezieht man die WG der Kinder mit ein, so spielt sie allenfalls bei Jungen für schnelle Schwenks eine Rolle (R=.538**), ansonsten ist die WG offensichtlich nicht für das Verständnis unterschiedlich schneller Schwenks relevant (schnelle Schwenks: Mädchen R=.453**; langsame Schwenks: Jungen R=.489*; Mädchen R=.596).

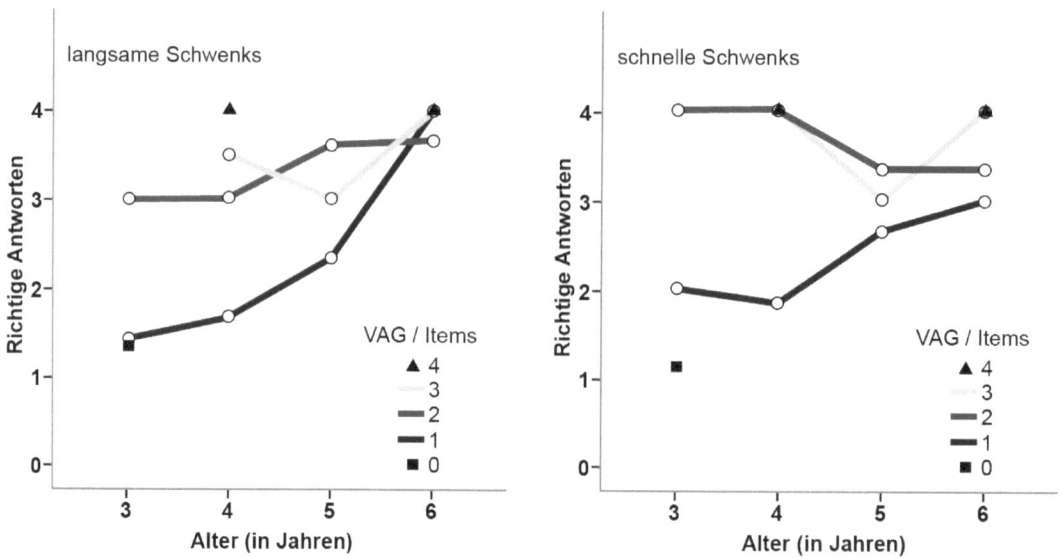

Abb. 22: *Langsame* (**links**) *und schnelle Schwenks* (**rechts**). *Die richtigen Antworten in Abhängigkeit von Alter und vAG zeigen bzgl. der Geschwindigkeit kaum Unterschiede, der Einfluss des Alters ist unter Berücksichtigung des vAG nicht mehr signifikant. Bei Vierjährigen ist die Abhängigkeit des Schwenkverständnisses vom vAG besonders gut zu erkennen.*

9.3.3.5. Schwenkverständnis und TV-Konsum. Für die 37 Kinder, für die die Eltern den Fragebogen ausfüllten, korreliert der TV-Konsum mit dem Alter (.575***): Ältere Kinder schauen offensichtlich mehr fern. Der Zusammenhang zwischen SV und TV-Konsum ist nicht signifikant, nach Berechnung der linearer Regressionen mit PROCESS (Hayes, 2013) ist der Interaktionseffekt ebenfalls nicht signifikant (p=.268), was eine Berücksichtigung als Moderator ausschließt. Ein Sobel-Z-Test (Preacher & Leonardelli, 2003) zeigt, dass der indirekte Effekt ebenfalls nicht signifikant ist (p=.481), dies schließt die Annahme als Mediator ebenfalls aus. Ein signifikanter direkter Einfluss des üblichen TV-Konsums auf das SV konnte daher durch die Daten nicht bestätigt werden.

9.4 Diskussion

Ich konnte zeigen, dass das Schwenkverständnis bei Kindern im Kindergartenalter mit dem Alter ansteigt, so wie es für das Filmverständnis insgesamt für Kinder ab vier Jahren bereits mehrfach festgestellt wurde (für eine Übersicht siehe Huston & Wright, 1997). Darüber hinaus konnte gezeigt werden, dass das vAG für das SV ein wesentlicher Faktor ist, so wie es von Fisch (2000) in seinem *Capacity Model* für das allgemeine Filmverständnis postuliert wurde. Die Bedeutung des vAG konnte dabei nicht nur qualitativ sondern auch quantitativ verifiziert werden: Im Allgemeinen reicht ein vAG-Wert von 0 Items für das Schwenkverständnis offensichtlich nicht aus, ab 2 Items können die Kinder fast alle Schwenks verstehen. Für Kinder ab vier Jahren ist diese vAG-Leistung (und damit das Schwenkverständnis) geschlechtsspezifisch: Jungen erreichen 2 Items im Allgemeinen bereits mit 4 Jahren, Mädchen erst mit 5; insofern verstehen Jungen deutlich früher mehr Schwenks als Mädchen.

Die Untersuchung Dreijähriger war bislang schwierig, teils wegen sprachlicher Schwierigkeiten im Verstehen und Beantworten der Fragen (z.B. Moriguchi, Okanda, & Itakura, 2008; Scullin & Bonner, 2006), ihrem Bias unbekannten Interviewern gegenüber oder auf Grund motivationaler oder emotionaler Schwierigkeiten (Alexander et al., 2002). Darüber hinaus zeigen sie (wie auch Vierjährige) einen starken Ja-Bias (also die Tendenz, auf geschlossene Fragen mit ja zu antworten), wenn sie von (menschlichen) Erwachsenen befragt werden (Okanda, Kanda, Ishiguro, & Itakura, 2013). Durch die Befragung mittels Teddy aus einem Film heraus konnten diese Probleme offensichtlich vermieden werden. Es zeigte sich, dass die meisten Dreijährigen ohne Training ein vAG von 0 Items haben, so dass in dieser Altersgruppe grundsätzlich von keinem Schwenkverständnis ausgegangen werden sollte. Allerdings können (wenige) Dreijährige mit einem vAG von 2 Items bereits alle Schwenks verstehen bzw. die zugehörigen Fragen richtig beantworten.

Bei den älteren Kindern zeigte sich, dass der Anstieg des Schwenkverständnisses nicht mehr linear ist sondern die Verständniszunahmekurve mit zunehmendem Alter bzw. vAG abfällt. Deshalb wurde ein entsprechender Korrekturfaktor im Modell berücksichtigt. Ein solcher Effekt war erwartet worden, da auch andere Untersuchungen einen entsprechenden Performance-Abfall (z.B. Vuontela et al. (2003) bei sechsjährigen Jungen) für ähnliche Aufgaben belegen. Allerdings ist auch eine mögliche Erklärung, dass einige der Schwenks besonders "schwierig" waren, so dass diese nur noch von wenigen Kindern verstanden wurden. Der Fernsehkonsum der Kinder war deutlich altersabhängig, mithin sahen Kinder mit zunehmendem Alter mehr fern. Unter Berücksichtigung des Alters konnte kein signifikanter Zusammenhang mehr festgestellt werden, der Fernsehkonsum selbst scheint keinen Einfluss auf das SV zu haben.

Ich hatte erwartet, dass die - ebenfalls altersabhängige (Gathercole, Pickering, Ambridge, & Wearing, 2004) - WG bezüglich der Schwenkgeschwindigkeit derart eine Rolle spielt, dass Kinder mit höherer WG schnelle Schwenks besser verstehen können (Fry & Hale, 2000). Dies scheint im Rahmen TV-üblicher Schwenkgeschwindigkeiten von ein bis vier Sekunden nicht der Fall zu sein, da hier kein signifikanter Einfluss festgestellt wurde. Da die WG aber einen Effekt auf das vAG (Kail & Park, 1994) und damit auf das SV hat, ist davon auszugehen, dass sie insbesondere bei komplexeren Bildinhalten eine Rolle spielt: Je höher der Bildinhalt, desto hilfreicher ist eine schnelle Wahrnehmung bei der Erfassung. Um Kinder mit geringerer WG zu unterstützen sollte daher mit zunehmendem Bildinhalt die Darbietungslänge entsprechend angepasst sein, insbesondere für jüngere Kinder muss das Bild entsprechend länger "stehen". Die Schwenkgeschwindigkeit selbst scheint, soweit TV-üblich, für die Kinder kein Problem zu sein.

Insgesamt zeigt sich, dass das Verständnis selbst einfacher Schwenks (langsam mit wenigen Objekten) für die Kinder mit einem geringeren vAG in dieser Altersgruppe ein Problem darstellt, selbst wenn sie für die Repetition beliebig viel Zeit haben. Insofern ist fraglich, in wieweit Kinder dann in der Lage sind, herkömmliche Filme zu verstehen, bei denen etwa alle drei Sekunden (pausenlos) eine neue Einstellung präsentiert wird. Da die Bildinhalte zudem oftmals komplex sind, ist zu erwarten, dass auf Grund des gegenüber Erwachsenen in dieser Altersgruppe deutlich eingeschränkten vAG ein Erfassen des Bildes in der gegebenen Zeit oftmals nicht möglich ist (Kirkorian, Wartella, & Anderson, 2008). Dies mag z. B. auch ein Grund dafür sein, warum Kinder mehr vom Inhalt eines Films verstehen, wenn er ihnen ein zweites Mal präsentiert wird. Michel, Roebers, & Schneider (2007) hatten in diesem Fall eine deutliche Verbesserung des Filmverständnisses auch z. B. gegenüber Erklärungen selbst mit Bildern aus dem Film festgestellt. Da der Filminhalt (Schatzsuche vs. Zuckerherstellung) offensichtlich nicht relevant war, könnte die Verbesserung auf die Lerneffekte bei den formal features zurückzuführen sein: Eventuell wissen Kinder bei der Wiederholung, welche Bildanteile relevant sind - und können insofern das ggf. beschränkte vAG effektiver einsetzen.

Da das vAG als wichtiger, wenn nicht grundlegender Faktor für das Verständnis eines Schwenks als elementarem Gestaltungsstil eines Filmes bestätigt wurde, sollte versucht werden, dieses zunächst so weit zu fördern bzw. zu trainieren, dass zumindest zwei Items rekapituliert werden können. Ansonsten ist davon auszugehen, dass Kinder ohne diese kognitive Voraussetzung Filme nicht verstehen können und insbesondere beim Einsatz audiovisueller Lernmittel benachteiligt sind. Vor allem bei vier- und fünfjährigen Mädchen wäre auf Grund der gegenüber gleichaltrigen Jungen niedrigeren vAG-Werte ein solches Training nicht nur als Grundlage für das Schwenk- respektive Filmverständnis sinnvoll: Da das AG im Kindergartenalter als Prädiktor diverser schulischer Kompetenzen gilt (Alloway et al., 2005; Alloway, Gathercole, Kirkwood, &

Elliott, 2009; Bull, Espy, & Wiebe, 2008), könnten hier bereits im Kindergartenalltag relativ einfach Maßnahmen zur entscheidenden Verbesserungen späterer Leistungen spielerisch durchgeführt werden.

9.5 Ausblick

Weiter stellt sich die Frage, inwieweit das Verständnis anderer filmtechnischer Elemente in dieser Altersgruppe zum Beispiel auf das vAG zurückgeführt werden kann. Hier sollten weitere Untersuchungen bezüglich des Verständnisses verschiedener Umschnitt-Arten (Ran- und Wegsprung, Seitsprung mit und ohne gemeinsame Bildelemente, etc.) durchgeführt werden, um zu klären, inwieweit die vorliegenden Befunde spezifisch für Schwenks oder allgemein für das räumliche Verständnis von Schnitttechniken Gültigkeit haben. Letztendlich sollten für die Bestimmung der Altersangemessenheit eines Kinderfilms nicht nur Inhalte, sondern auch die Voraussetzungen für das Verständnis des Schnitts berücksichtigt werden.

10. Interventionsmaßnahmen zur Verbesserung des Schwenkverständnisses

10.1 Einleitung

Für drei- bis sechsjährige Kinder konnte gezeigt werden, dass das Schwenk-Verständnis (SV) vom Alter, aber insbesondere auch vom vAG abhängig ist. Das Capacity- Modell von Fisch (2000) zum allgemeinen Filmverständnis konnte für Schwenks spezifiziert und quantifiziert werden, in dem das vAG bezüglich des SV als Mediator auf das Alter der Kinder wirkt. Dennoch bleibt die Frage, ob das SV darüber hinaus - unter Berücksichtigung von Alter und vAG - durch Interventionsmaßnahmen verbessert werden kann. Hier ist noch immer in der Diskussion, ob diese *elementary skills* als Teil einer Media literacy wie eine Fremdsprache gelernt (und somit gelehrt) werden können oder ob sie z.B. durch fernsehen als solches quasi automatisch erworben werden (z. B. Hobbs, 1998, 2011; Potter, 2012). Im letzteren Fall wäre vor allem das Verfügen über die ggf. notwendigen kognitiven Fähigkeiten die alleinige Voraussetzung für dieses Verständnis (Potter, 2004).

Wir erwarten also, dass das SV von kognitiven Voraussetzungen (insbesondere vom vAG) abhängig ist, die mit dem (Kindes-) Alter zunehmen, und damit wenig durch direkte Intervention (z. B. Training) verbessert werden kann - soweit diese Maßnahmen nicht wiederum zu einer Verbesserung des vAG führen. Zur Bestätigung der Nullhypothese haben wir deshalb untersucht, ob sich das SV durch verschiedene Interventionsmaßnahmen verbessern lässt. Die Daten wurden im Rahmen der Masterarbeit von Mark Schmidt im Studiengang Early Childhood Studies an der Pädagogischen Hochschule Weingarten/ St. Gallen erhoben, Auswertungsbasis und Ergebnisse sind dort allerdings andere.

10.2 Methode

10.2.1 Stichprobe

32 Jungen im Alter von 4 (n=18) und 6 (n=14) Jahren aus drei Kindergärten in Ravensburg (Baden-Württemberg) nahmen an der Untersuchung teil (M = 4.87, SD = 1.01).

10.2.2 Stimuli

Eingesetzt wurden *TTT intro*, *TTT pan* und *MFBT*. Darüber hinaus wurde ein neuer Teddy Tom Test entwickelt und eingesetzt (*TTT sim*), der analog dem TTT pan aufgebaut ist und dessen 18 Schwenks den ursprünglichen ähneln (*siehe A. 4*); sie unterscheiden sich zum Beispiel in Schwenkrichtung, Art oder Farbe der Objekte (Länge: 7 min 6 s).

Das Spiel "Geistertreppe" (Schanen, 2004) wurde in der Kontrollgruppe gespielt, ein Brettspiel, bei dem verdeckte Figuren ins Ziel gebracht werden sollen. Der Spielerfolg wird durch eine gute Merkleistung des Spielers unterstützt, ein Zusammenhang mit Schwenks ist nicht gegeben. Mit einem Teil der Jungen wurden aus Pappe Kamera-Placebos gebastelt.

10.2.3 Durchführung

In einem Einzeltest wurden in einem separaten Raum der jeweiligen Einrichtung zunächst der TTT intro und ein MFBT durchgeführt. Auf Grund der vAG-Ergebnisse (vAG Prä) wurden die Jungen dann in vier Gruppen eingeteilt. Mit Gruppe 1 (Wiederholung) wurde zwei Wochen später der TTT pan durchgeführt, mit Gruppe 2 (Ähnliche Schwenks) der TTT sim. Bei Gruppe 3 (Handlung) bauten die Kinder eine Art Kamera und führten damit selbst Schwenks durch, die Kontrollgruppe 4 spielte das Spiel "Geistertreppe". In einer letzten Sitzung wurden mit allen Kindern der TTT pan und ein abschließender MFBT (vAG Post) durchgeführt.

10.3 Ergebnisse und separate Diskussionen

10.3.1 Statistische Evaluierung

Die richtig beantworteten Schwenks des Tests nach der Intervention (*TTT pan*) wurden aufsummiert und mittels ein- und zweifaktorieller ANOVA bezüglich der Unterschiede durch die Interventionsgruppenzugehörigkeit, das Alter sowie das VAG (Post) und das VAG (Prä) mit jeweils 1 und 5 Sekunden Darbietungsdauer untersucht. Die unterschiedlichen Darbietungslängen der Matrizen im MFBT brachten im Allgemeinen keine prinzipiellen Unterschiede, deswegen wird im Folgenden dann jeweils nur ein Ergebnis vorgestellt. Bei signifikanten Interaktionseffekten zwischen den Faktoren wurden lineare Regressionen berechnet. Mögliche Moderatoreneffekte, die zwischen Alter und VAG zu erwarten waren (Pittorf et al., 2014a), wurden als lineare Regressionen mit Hilfe des SPSS-Makros PROCESS (Hayes, 2013) und einem Bootstrapping von 10,000 Loops berechnet.

10.3.2 Interventionsgruppen

Eine statistische Evaluation (einfaktorielle ANOVA) zeigt keine signifikanten Unterschiede (*Abb. 23*) zwischen den vier Gruppen (F =1.404, df=3, p=.262, R-sq=.131, corr. R-sq=.038).

10.3.3 Alter und vAG (Post)

Der Unterschied zwischen den Vier- und den Sechsjährigen ist signifikant (F= 4.733, df=1, p<.001, R-sq=.136, corr. R-sq=.107), die Abhängigkeit des SV vom aktuellen vAG ist noch deutlich höher (F=8.947, df=3, p<.001, R-sq=.489, corr. R-sq = .435). Bei einer zweifaktoriellen ANOVA bleiben beide Faktoren signifikant (Alter: F=11.937, p=.002; eta-sq=.323; vAG (Post): F= 7.590, p=.001; eta-sq=.477), darüber hinaus ist auch der Interaktionseffekt Alter x vAG (Post) signifikant (F=.4558, p=.021, eta-sq= .267). Eine lineare Regression zeigt eine Varianz-erklärung der beiden Faktoren von R-sq= .470 (p<.001), wobei das vAG (Post) mit beta =.585 (p<.001) den größeren Einfluss aufweist, während der Einfluss des Alters mit beta =.278 (p<.058) nicht mehr signifikant ist. Wird die Interaktion (Alter x vAG) als Moderatoreffekt berechnet, erhält man für die 5sec - Darbietung der Matrizen R-sq = .529 (p<.001).

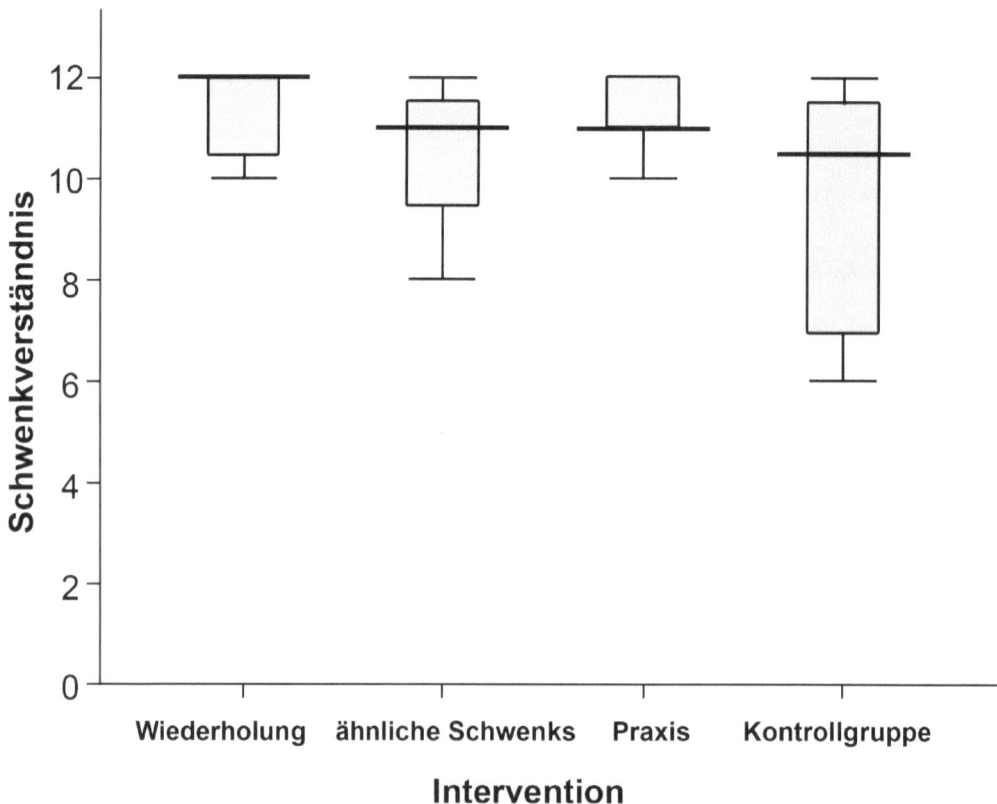

Abb. 23: Das Schwenkverständnis zeigt keine signifikante Abhängigkeit von der Intervention.

Mithin klären also Alter und vAG mehr als die Hälfte der Varianz. Für die schnelle Darbietung (vAG 1 sec) erhält man entsprechend R-sq= .611 (p<.001). Alter, vAG und Wahrnehmungs-geschwindigkeit klären mithin mehr als 60% der Varianz des SV auf.

10.3.4 Verbesserung des vAG

Während das SV mit dem aktuellen vAG der Messung hoch korreliert, sind die Zusammenhänge mit dem vAG zu Beginn der Untersuchung (vAG Prä) nicht mehr signifikant, wie eine ANOVA mit Alter (F=1.591, df=1, p=.219, eta-sq=.062) und vAG (Prä, 5 sec) (F=1.319, df=4, p=.291, eta-sq=.180) zeigt. Hier muss es zu deutlichen Veränderungen (Lerneffekten) beim vAG gekommen sein.

10.3.5 Limitationen

Wir konnten zeigen, dass die verschiedenen Interventionen bezüglich des SV keine signifikanten Unterschiede untereinander und zur Kontrollgruppe erwirkten. Das SV der Jungen im Alter von vier und sechs Jahren war vom Alter, dem vAG und der Wahrnehmungsgeschwindigkeit abhängig. Dabei wurde die Aussage von Pittorf et al. (2014) bestätigt, dass ein vAG-Level von 2 Items - unabhängig vom Alter - für ein allgemeines SV hinreichend zu sein scheint. Allerdings war die Probandenanzahl gering und der Maximalwert der Schwenks wurde vielfach erreicht. Bei den meisten (25) der hier untersuchten Jungen war ein vAG-Level von zwei Items, das nach Pittorf et al. (2014a) für ein SV ausreichend ist, am Ende des Tests erreicht, so dass hier jede Intervention kaum Verbesserung brachte. Die Anzahl der Jungen mit geringerem vAG war für belastbare signifikante Aussagen zu gering. Möglicherweise sind Tests mit vier- und fünfjährigen Mädchen, die durchschnittlich ein vAG-Level von 1 Item haben (Pittorf et al., 2014b), Erfolg versprechender. Es wurde deshalb, und auch auf Grund der starken Abhängigkeit vom vAG, mit einer neuen, vAG-untrainierten Untersuchungsgruppe ein weiterer Test durchgeführt, bei dem untersucht werden sollte, in wie weit sich das SV durch einfaches Wiederholen verbessert und ob sich als Nachweis von Lerneffekten ein entsprechender Transfer bei dem Verständnis ähnlicher Schwenks feststellen lässt.

11. Lerneffekte durch Wiederholung

11.1 Einleitung

Da noch unklar ist, ob oder ggf. wie gut sich vice versa das vAG durch bewusstes Auseinandersetzen mit Schwenks verbessert, wurde eine weitere Untersuchung mit einer anderen Versuchsgruppe durchgeführt und mögliche Lerneffekte nach einer Wiederholung durch den Wissenstransfer bei ähnlichen Schwenks untersucht.

11.2 Methode

11.2.1 Stichprobe

Die Studie wurde wieder mit den Kindern aus dem in Kapitel 9 beschriebenen Versuch durchgeführt. Die 60 untersuchten Kinder aus Sachsen-Anhalt (Durchschnittsalter zu Beginn 4.53 Jahre, SD = 1.13, female/male ratio = 1.8) waren in den Altersgruppen 16 Dreijährige, 10 Vierjährige, 20 Fünfjährige und 14 Sechsjährige. Ein Fragebogen wurde von 37 Elternpaaren beantwortet.

11.2.2 Stimuli

Es wurden der TTT intro, TTT pan, TTT sim und der MFBT eingesetzt. Darüber hinaus wurde ein vierter Teddy Tom Test eingesetzt (*TTT rep; siehe A. 3*), der aus einer Wiederholung der 10 einfachsten Schwenks aus TTT pan bestand. Der Teddy stellte sich wieder kurz vor, es gab aber keine Rahmenhandlung. Teddy Tom stellt die Fragen direkt nacheinander aus dem OFF (Länge: 2 min 33 s). Die Eltern wurden schriftlich zu Lieblingssendungen und zum Fernsehkonsum ihrer Kinder befragt, die Antworten sollten in Minuten pro Tag angegeben werden. Die Fragen wurden von 37 Elternpaaren (62%) beantwortet.

11.2.3 Durchführung

Die Tests wurden in Einzelsitzungen in vier Sessionen (t1 - t4) in einem ruhigen separaten Raum der jeweiligen Einrichtung durchgeführt. Im Anschluss an den jeweiligen Teddy Tom Test wurde zur Bestimmung des vAG ein MFBT mit einer Darbietungsdauer der Matrizen von 5 bzw. 1 Sekunde durchgeführt.

In der ersten Sitzung (t1) wurden mittels TTT intro der Teddy und das Prinzip der Befragung vorgestellt, nach vier Wochen (t2) wurde der Schwenktest TTT pan durchgeführt. Nach acht Wochen (t3) wurde der TTT rep mit den gleichen Schwenks und schließlich nach weiteren 4 Wochen (t4) der TTT sim mit den ähnlichen Schwenks durchgeführt. In diesem Zeitraum wurde auch die Befragung der Eltern durchgeführt.

11.3 Ergebnisse und separate Diskussionen

11.3.1 Ursprüngliches Schwenkverständnis (TTT pan)

Von den ursprünglichen 21 Schwenks wurden nur die zehn einfachsten wiederholt, deswegen werden nur diese im Folgenden betrachtet. Die Berechnung einer linearen Regression zeigt, dass auch bei diesen Kindern Alter (beta = .331, p = .015) und vAG (beta =.413, p = .003) etwa die Hälfte (R-sq = .464, p < .001) der Varianz des Schwenkverständnisses (SV) aufklären.

11.3.2 Schwenkwiederholung (TTT rep)

Eine lineare Regression mit Alter (beta = .462, p < .001) und vAG (beta = .350, p = .003) klärt auch hier rund die Hälfte der Varianz des SV (R-sq = .516, p < .001). Kinder, die bei der ursprünglichen Aufgabe (TTT pan) weniger als 5 Schwenkaufgaben richtig gelöst haben, zeigten bei der Wiederholung keine Verbesserung (*Abb. 24*), Kinder mit 5 oder mehr richtigen Antworten zeigten eine Verbesserung von maximal einem Schwenk.

Diese Verbesserung delta pan wird aber - zusätzlich zur Aufklärung der Varianz des SV- darüber hinaus ebenfalls zur Hälfte von Alter und vAG aufgeklärt, wie eine lineare Regression zeigt (R-sq = .534; p<.001; Alter beta = .551, p<.001; vAG beta = .250, p = .034).

Je älter die Kinder sind und je höher ihr vAG ist, desto besser sind ihre Ergebnisse bei der Wiederholung. Für vAG-schwächere und/oder jüngere Kinder kann durch die reine Wiederholung keine Verbesserung des SV festgestellt werden.

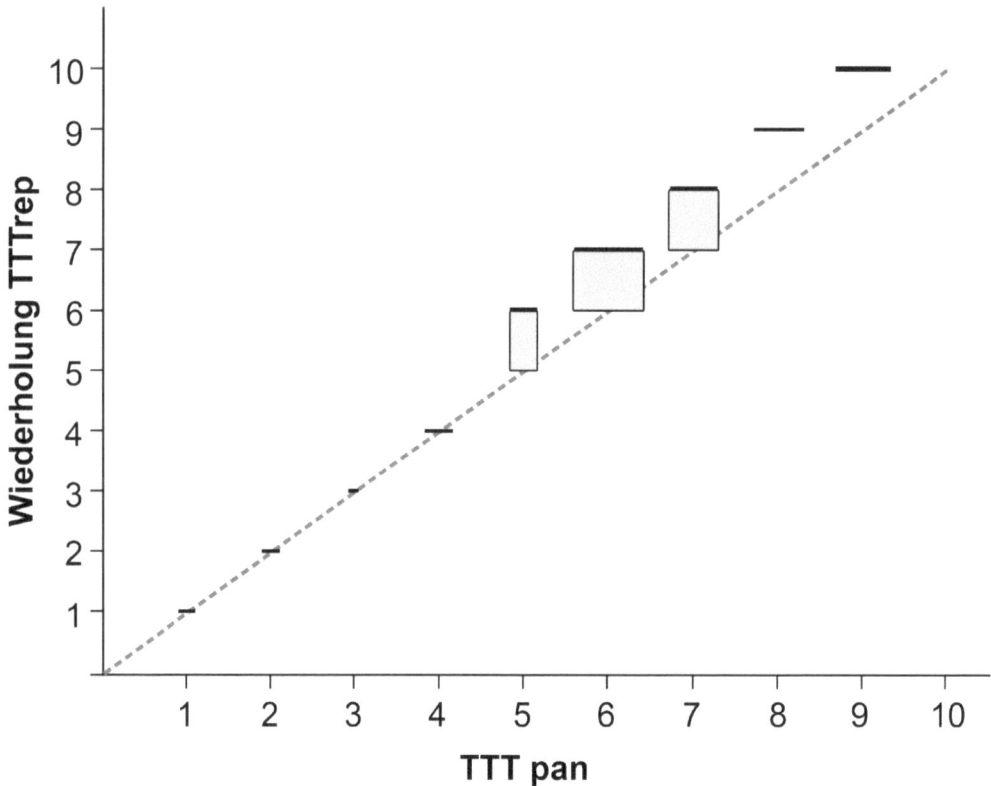

Abb. 24. *Bei der Wiederholung (TTT rep) der 10 identischen Schwenks zeigt sich eine maximale Verbesserung von einem Schwenk gegenüber dem ursprünglichen Ergebnis (TTT pan). Kinder mit ursprünglich weniger als fünf verstandenen Schwenks zeigen bei der Wiederholung keine Verbesserung, ab acht richtigen Schwenks beim ersten Durchgang zeigen alle Kinder eine Verbesserung um einen Schwenk. Die Diagonale zeigt die gleiche Anzahl richtiger Schwenks in beiden Durchgängen an.*

11.3.3 Ähnliche Schwenks (TTT sim)

Auch bei den ähnlichen Schwenks klären Alter und vAG knapp die Hälfte der Varianz des SV ($R\text{-sq} = .478$, $p < .001$), allerdings geht der Einfluss des vAG ($\text{beta} = .202$, $p = .105$) gegenüber dem Alter ($\text{beta} = .549$, $p < .001$) deutlich zurück. Dies lässt sich darauf zurückführen, dass das SV nicht proportional mit dem vAG steigt, sondern dass es einen Schwellenwert für das SV gibt, der nun zunehmend erreicht wird. Andererseits kann dies auch darauf hindeuten, dass bei der geringen Verbesserung insbesondere ältere Kinder den Transfer leisten können.

11.3.4 Transfer

Das Verständnis der ähnlichen Schwenks korreliert signifikant mit der Verbesserung delta pan bei der Wiederholung ($F(1) = 39.538$, $p < .001$, $\text{eta-sq} = .410$): In jeder Altersstufe zeigen Kinder, diesich bei der Wiederholung verbessert haben, auch ein besseres Verständnis bei ähnlichen Fragen einen Monat später (*Abb. 25*).

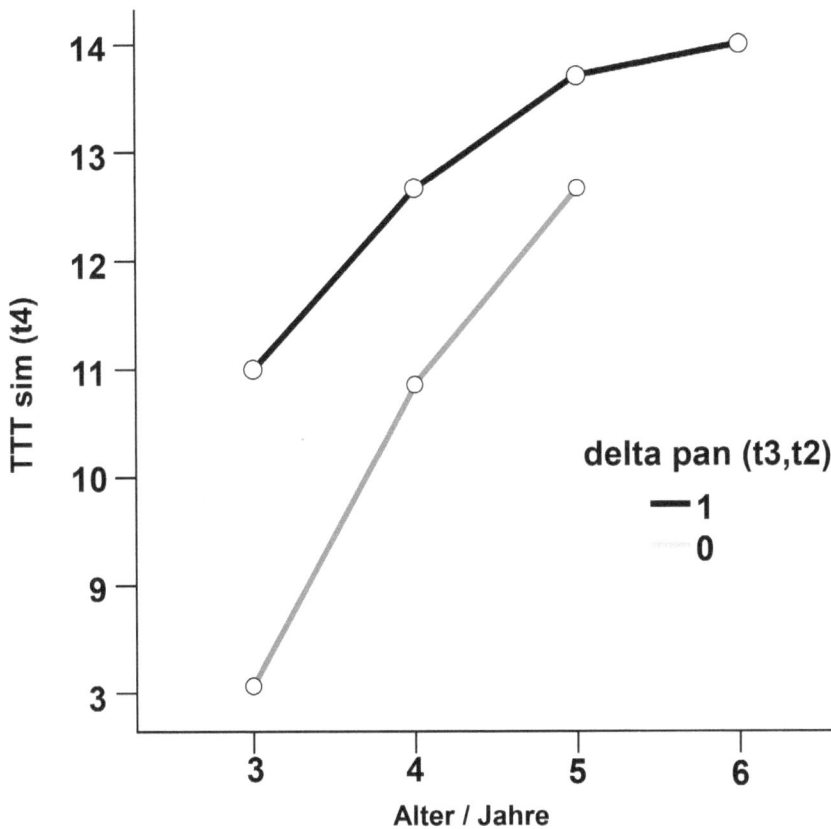

Abb. 25: *Das Verständnis der ähnlichen Schwenks (TTT sim) in Abhängigkeit von der Verbesserung bei der Wiederholung delta pan (t3, t2). Kinder, die sich bei der Wiederholung verbessert haben, zeigen bei ähnlichen Schwenks ein deutlich höheres Schwenkverständnis.*

Allerdings bleibt die Frage, ob diese Verbesserung tatsächlich auf Schwenk-Lerneffekte zurückgeht oder z.B. auf ein in der Zwischenzeit verbessertes vAG bzw. höheres Alter. Partielle Korrelationen zwischen TTT sim und delta pan (mit den vAG - Unterschieden zwischen t4 und t2 als Kontrollvariablen) zeigen einen hohen Zusammenhang zwischen den beiden Faktoren (r_p = .624, p < .001). Betrachtet man die Verbesserungen bezüglich der Wiederholung (TTT rep als zusätzliche Kontrollvariable), so ist der Zusammenhang zwischen TTT sim und delta pan zumindest einseitig immer noch signifikant (r_p = .223, p = .049). Hat sich das SV der Kinder bei der Wiederholung verbessert, so ist das Verständnis bei den ähnlichen Schwenks in der letzten Aufgabe deutlich höher als bei Kindern mit gleicher Anzahl richtiger Schwenks in der Wiederholung, die diese Anzahl auch beim ersten Versuch als Ergebnis hatten und sich durch die Wiederholung nicht verbessert haben (*Abb. 26*).

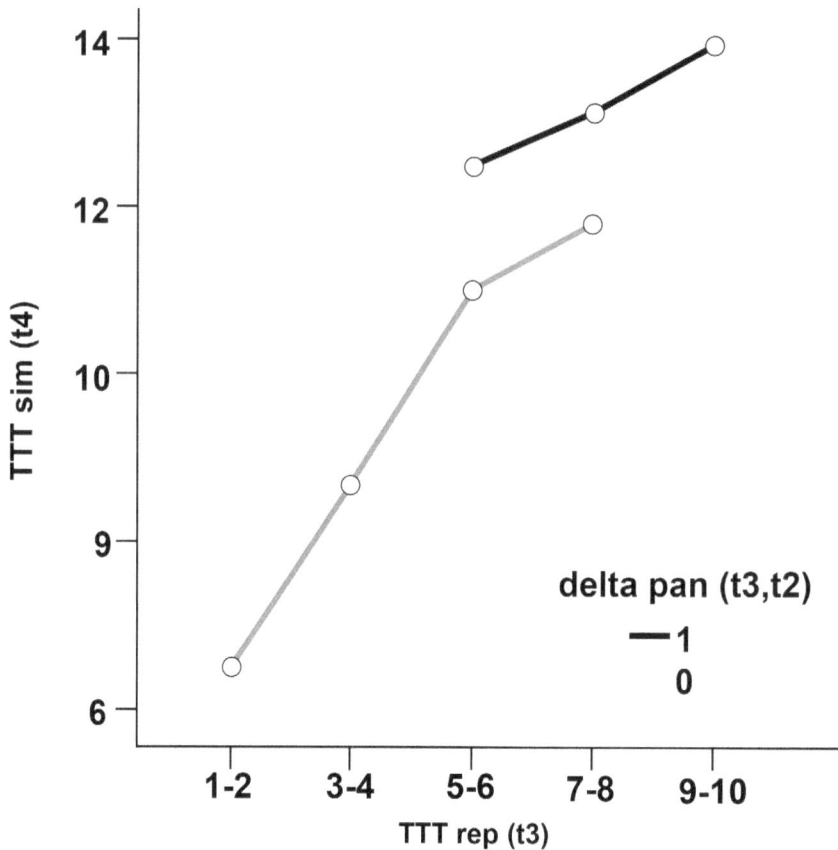

Abb.26: *Kinder, die sich bei der Wiederholung (TTT rep) verbessert haben (delta pan = 1), zeigen bei der späteren Untersuchung (TTT sim) signifikant bessere Werte als Kinder, die zwar in der Wiederholung die gleiche Anzahl richtiger Schwenks haben, sich aber gegenüber der ursprünglichen Aufgabe nicht verbessern konnten. Angegeben sind die korrekt gelösten Schwenkaufgaben.*

Eine dreifaktorielle ANOVA zeigt für TTT sim signifikante Effekte durch TTT pan (F = 3.348, p = .008, df = 8, eta-sq = .489) und delta rep (F = 5.890, p = .022, df = 1, eta-sq = .174), der Effekt von vAG (t4) ist mit F = 2.326, p = .081, eta-sq = .249 knapp nicht signifikant. Darüber hinaus gibt es noch einen zusätzlichen signifikanten Interaktionseffekt delta rep x vAG (F = 3.429, p = .047; df = 2, eta-sq = .197), der durch die Abhängigkeit der Verbesserung delta pan vom vAG hervorgerufen wird (*Abb. 27, links*).

Das Verständnis der Schwenks (TTT sim) ist also auf Alter, vAG und Lerneffekte durch die Wiederholung ähnlicher Schwenks zurückzuführen, wobei diese Lerneffekte wiederum auch vom vAG abhängig zu sein scheinen (*Matthew-Effekt*; Schwippert, Bos, & Lankes, 2003).

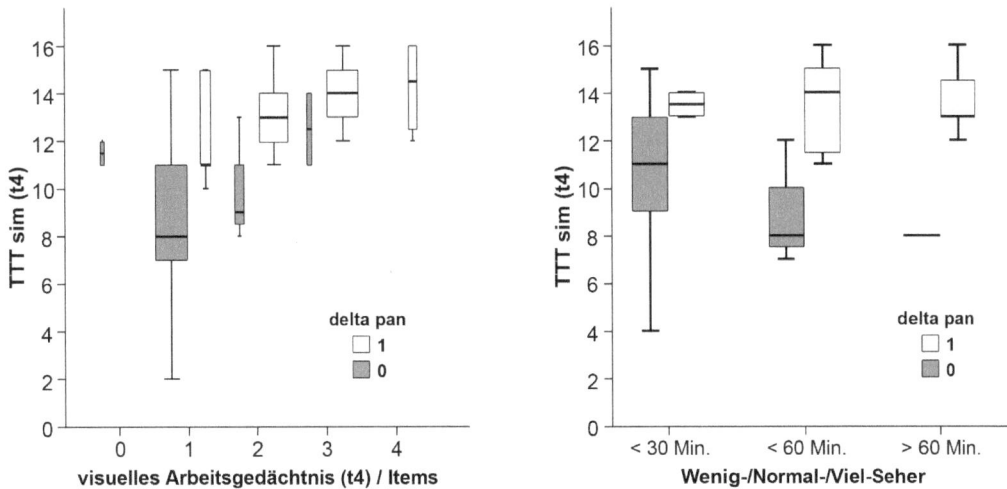

Abb. 27, links: *Das Verständnis SV der ähnlichen Schwenks (t4) in Abhängigkeit vom vAG und der Verbesserung (delta pan) bei der Wiederholung gegenüber den ursprünglich gezeigten Schwenks. Dabei ist nicht nur das SV vom vAG abhängig, sondern auch delta rep: Mit zunehmendem vAG wird auch der Anteil der Kinder, die sich bei der Wiederholung verbessert haben (delta pan), größer. Die Verbesserungen bei ähnlichen Schwenks sind also zumindest teilweise auf Lerneffekte durch die Wiederholung zurückzuführen, die wiederum mit dem vAG einhergehen.* **Rechts:** *Der Fernsehkonsum spielt unter Berücksichtigung von delta pan keine signifikante Rolle.*

11.3.5 Mögliche Ursachen der Verbesserung

Es stellt sich nun die Frage, ob diese Lerneffekte nur auf Grund des spezifischen Testaufbaus erreicht werden, also durch das vAG-Training mittels MFBT oder die bewusste Auseinandersetzung mit Schwenks durch die TTTs (oder die Kombination der beiden Maßnahmen), oder ob auch häufiges "normales" Fernsehen zur Verbesserung beitragen kann. Offensichtlich ist eine solche Verbesserung nicht von der "Menge" des täglichen (herkömmlichen) TV-Konsums abhängig (*Abb. 27, rechts*). Gerade bei jüngeren (oder vAG-schwächeren) Kindern, die durch eine Wiederholung der Schwenks noch keine Verbesserung des SV erfahren, scheint ein geringerer Fernsehkonsum sogar vorteilhafter.

11.4 Diskussion

11.4.1 Zusammenfassung der Befunde

Wir konnten zeigen, dass bei Drei- bis Sechsjährigen eine einfache Wiederholung der Schwenks nach einer Zeit von vier Wochen für die jüngeren Kinder bzw. Kinder mit niedrigem vAG-Level keine Verbesserung des Schwenkverständnisses und somit keinen Lern- bzw. Lehrerfolg brachte. Andererseits konnten ältere bzw. Kinder mit höherem vAG, die bereits über ein gutes Schwenkverständnis verfügten, dieses noch verbessern. Dies scheint nicht nur auf ein in der Zwischenzeit verbessertes (da trainiertes) vAG zurückzuführen zu sein, sondern auch auf andere kognitive Leistungsfähigkeiten, die in der untersuchten Altersgruppe mit dem Alter zunehmen (wie z. B. Langzeitgedächtnis). Die Verbesserung bei der Wiederholung bezog sich größtenteils auf diese spezifischen Schwenks, allerdings war noch bei ähnlichen Schwenks im Nachgang bei diesen Kindern eine Verbesserung festzustellen. Es zeigte sich, dass sich auch diese Verbesserung auf Interaktionen mit dem vAG zurückführen ließ. Ein herkömmliches Fernsehen allein scheint für die Verbesserung des SV aber nicht ausreichend zu sein.

11.4.2 Schwenkverständnis und vAG

Es ist unklar, ob die erzielten Lern-Effekte durch eine direkte Verbesserung des vAG durch den MFBT, indirekt durch die Auseinandersetzung mit Schwenks in Form der TTTs oder auf die Kombination der beiden Versuchsformen zurückzuführen sind (und vice versa).

Auch der eigentlich Zusammenhang zwischen den hoch korrelierenden Faktoren vAG und SV ist noch unklar. Wir nehmen an, dass bei der kognitiven Verarbeitung der beiden Aufgaben gemeinsame distinkte Bereiche des Gehirns aktiviert werden (*Parieto-Frontal Integration Theory*; Jung & Haier, 2007; für einen Überblick siehe Haier, 2011) und dass eine Aktivierung dieses Bereiches durch die eine Aufgabe mit einer verbesserten Verschaltung in diesem Bereich verbunden ist und somit auch eine Verbesserung für die jeweils andere Funktion mit sich bringt.

12. Diskussion

12.1 Vorbemerkung

Die Ergebnisse der einzelnen Versuche wurden bereits jeweils am Ende der entsprechenden Kapitel diskutiert, da sie Voraussetzung bzw. Grundlage für die folgenden Untersuchungen waren. Hier sind deshalb nur die Ergebnisse noch einmal zusammengefasst, soweit sie für die zukünftige Anwendung der Methoden relevant bzw. für die weitere wissenschaftliche Arbeit zu berücksichtigen sind. Die Diskussion wird ebenfalls auf Basis dieser separaten Diskussionen geführt und nur in soweit, als sie sich erst im Nachgang dieser Einzeldiskussionen ergibt oder über die in den Kapiteln geführten Diskussionen hinausgeht.

12.2 Testverfahren

12.2.1 Teddy Tom Tests

Die vorliegende Arbeit befasst sich mit dem Verständnis eines grundlegenden technischen Filmelementes, dem *Schwenk,* bei Kindern ab drei Jahren. Um den besonderen Anforderungen bei der Befragung kleiner Kinder zu genügen wurde zunächst eine altersgerechte Methode entwickelt (*Teddy Tom Test TTT*), bei der ein kleiner Teddy diese Aufgabe in einem quasi-interaktiven Frage- und Antwort-Spiel aus einem Video heraus übernimmt. Dadurch konnten Fragen direkt nach dem jeweiligen Filmelement gestellt werden, ohne dass das Prinzip "Film" verloren ging. Mit mehreren Testfilmen wurde die Durchführbarkeit der Methode bei Drei- bis Zehnjährigen bestätigt und Kinder von drei bis zehn Jahren zu allgemeinen kognitiven Fähigkeiten und zum Umschnitt- und Schwenkverständnis (SV) befragt (N=232). Eine Altersabhängigkeit, wie sie für Kinder ab vier Jahren in früheren Untersuchungen gefunden worden war, konnte für die gesamte Altersgruppe bestätigt bzw. erweitert werden.

Allerdings zeigte sich auch, dass das beschränkte Verständnis von Filmschnitten gerade bei jüngeren Kindern der limitierende Faktor der Methode ist; der Einsatz technischer Filmelemente muss (bzw. sollte) auf ein Minimum beschränkt bleiben: Je jünger die Kinder sind, um so weniger können Schwenks und Umschnitte verwendet werden. Der Bildinhalt sollte einfach gehalten und Irritationen durch Distraktoren oder missweisende Elemente ("Moses"-Illusionen) vermieden werden, Wiederholungen hingegen können hilfreich sein.

In den Vorversuchen war festgestellt worden, dass insbesondere jüngere Kinder dazu neigen, Subjekte mit Farben zu assoziieren: Wurde in einer Aufgabe z.B. festgestellt, dass die Schuhe des Teddys blau waren, ordneten die Kinder unabhängig von der Frage auch in der folgenden Aufgabe dem Teddy wieder blaue Objekte zu. Hier muss darauf geachtet werden, dass bei aufeinander folgenden Fragen entsprechend unterschiedliche Farben genutzt werden.

Unter Berücksichtigung dieser Einschränkungen kann die Methode als praktikabel, valide und reliabel gelten, mit der insbesondere jüngere, schwierige oder schüchterne (vielleicht auch autistische) Kinder untersucht werden können. Dabei beschränkt sich die Methode nicht nur auf die Untersuchung des Verständnisses filmspezifischer Parameter, ihr Einsatz scheint insbesondere auch in sensiblen Bereichen (klinisch therapeutische Anwendung, Post-Crime oder Missbrauchs-Szenarien) überlegenswert. Dazu kann der TTT intro leicht angepasst werden, indem die Szenen ohne Teddy durch entsprechende Aufgaben ersetzt und bei den Szenen mit Teddy im ON die Audiospur entsprechend angepasst wird.

12.2.2 Matrix Film Battery Test

Da für das SV ein Zusammenhang mit dem visuellen Arbeitsgedächtnis (vAG) erwartet wurde, aber für die zu untersuchende Altersgruppe kein akzeptabler Test vorlag, wurde ein den Anforderungen entsprechender *Matrix Film Battery Test (MFBT)* - ebenfalls auf Video-Basis - entwickelt und produziert, mit dessen Hilfe neben der Kapazität des vAG auch Unterschiede bzgl. der Wahrnehmungsgeschwindigkeit bestimmt werden können. Die Reliabilität und Validität wurden in einer Quer- und einer Längsschnittstudie über acht Monate in sechs Sitzungen nachgewiesen (N=60). Durch die Darstellung auf Videobasis erwies sich der Test als sehr praktikabel, so dass ich davon ausgehe, dass er auch z.B. von pädagogischem Personal ohne großen Aufwand oder Erfahrung durchgeführt werden kann (- das Interesse an einem solchen Test zum vAG scheint groß zu sein, so dass ich bereits um zwei Artikel zu diesem Thema in der Zeitschrift *Kita aktuell*, jeweils zu vAG und MFBT, gebeten wurde). Offensichtlich wurde bei den Einschätzungen zum kognitiven Leistungsstand der Kinder durch die Erzieherinnen das vAG nicht berücksichtigt, so dass insbesondere bei den Jungen diese Fähigkeit verborgen blieb. Unklar ist, ob es sich seitens der Erzieherinnen um einen geschlechtsspezifischen Effekt handelt und ob männliche Pädagogen dieses Potential feststellen und ggf. besser darauf eingehen (können). Dies könnte ein weiteres Argument für einen verstärkten Einsatz männlicher Erzieher sein, entsprechende Untersuchungen könnten mit dem MFBT bei genügend männlichen Probanden leicht durchgeführt werden.

Unabhängig davon können auch weibliche Erzieher mit dem MFBT das vAG-Level der Kinder einfach bestimmen, so dass entsprechende Maßnahmen zur Förderung oder Forderung schon früh eingesetzt werden könnten. Dies scheint insbesondere unter dem Augenmerk, dass das Arbeitsgedächtnis als Prädiktor schulischer, insbesondere mathematischer Kompetenzen gilt, gerade bei Mädchen mit niedrigerem vAG sinnvoll.

12.3 Kognitive Parameter

12.3.1 Kapazität des vAG

Mit Hilfe des MFBT konnte bei den Kindergartenkindern im Alter von drei bis sechs Jahren (N=60) eine generelle Zunahme des vAG mit dem Alter und darüber hinaus eine deutliche Geschlechtsspezifik festgestellt werden: Jungen konnten sich demnach zwei Objekte bereits mit vier, Mädchen im allgemeinen erst ein Jahr später merken bzw. replizieren. Allerdings bleibt die Frage, ob Mädchen bei weniger abstrakten Formen mit vielleicht höherer emotionaler Komponente (wie z. B. Bildern von Tierbabys, etc., statt schwarzer Rechtecke) bessere Ergebnisse erzielen würden. Auch wenn die vAG-Kapazität bei Erwachsenen nicht von der Komplexität der zu memorierenden Objekte, sondern nur von ihrer Anzahl abhängig zu sein scheint (Awh, Barton, & Vogel, 2008; Cowan & Rouder, 2009), gehe ich davon aus, dass gerade bei den niedrigen Itemklassen das größere Frequenzspektrum eines solchen Bildinhaltes eher zu größeren Problemen führt - die Motivation bei der bisherigen Aufgabe, ein oder zwei Kästchen richtig zu replizieren, schien mir gerade bei den jüngeren Kindern hoch.

Offensichtlich kam es im Verlauf des Längsschnittversuchs durch die Testung mit MFBT und TTTs zu Lerneffekten auch beim vAG, wobei unklar ist, welche der Interventionen dafür verantwortlich ist und inwieweit darüber hinaus vAG und SV ursächlich zusammenhängen. Diese Frage scheint mir insofern interessant, da ggf. mit TTTs das Interesse und die Motivation der Kinder deutlich höher gehalten werden kann als mit dem MFBT, zumal auch die Variabilität deutlich höher ist und durch emotionale Elemente über Arousal höhere Aufmerksamkeit und Lerneffekte (siehe Kapitel 2.2) zu erwarten sind.

12.3.2 Wahrnehmungsgeschwindigkeit

In der produzierten Film Battery des MFBT gibt es die Möglichkeit, verschiedene Präsentationszeiten (eine, drei oder fünf Sekunden) zu wählen. Diese Zeiten wurden entsprechend TV-üblicher Einstellungslängen (schnell, normal, langsam) gewählt. Ältere Kinder konnten die visuellen Eindrücke offensichtlich schneller verarbeiten: Bei einer Darbietungszeit von 1 Sekunde konnte keines der dreijährigen Kinder sich auch nur ein Item merken (bei 5 Sekunden lag der Maximalwert zu Beginn der Testreihe immerhin bei 2 Items), mit zunehmendem Alter nahm auch hier die

Leistungsfähigkeit zu. Darüber hinaus zeigte sich auch hier die Geschlechtsspezifik derart, dass Jungen nicht nur mehr Items erfassen konnten, sondern dies auch schneller.

Bei der von mir als Wahrnehmungsgeschwindigkeit bezeichneten Größe handelt es sich de facto um den Kehrwert der Darbietungsdauer, eine Differenzierung bzw. Abgrenzung z. B. zu einer kognitiven Verarbeitungsgeschwindigkeit wurde nicht durchgeführt, das kognitive Analogon zu diesem Begriff bleibt unklar. Der zweite Begriff legt eher die Vermutung nahe, dass es sich bei dem gemessenen Wert um einen intelligenznahen Parameter handelt. In diesem Fall wäre von einer über die im parietalen Bereich hinausgehenden Verarbeitung im präfrontalen Kortex auszugehen (P-FIT Theorie, Kapitel 2). Dies würde wiederum die Unfähigkeit der Dreijährigen erklären, die kurze Darbietung zu verarbeiten, da der präfrontale Kortex in diesem Alter noch nicht entsprechend ausgereift ist.

12.3.3 vAG als Prädiktor von fluider Intelligenz und Schulkompetenzen

Unterstützt wird diese Annahme auch durch eine weitere MFBT-Testung etwa anderthalb Jahre nach der Versuchsreihe. Zu diesem Zeitpunkt (t8) hatten die älteren Kinder (N = 26) das erste Schuljahr abgeschlossen, so dass die Ergebnisse mit den Schulnoten als Indikatoren für Intelligenz abgeglichen werden konnten (Fraser und Kollegen hatten in Meta-Analysen von Meta-Analysen entsprechende Korrelationen von r =.34 bis r =.52 gefunden; Fraser, Walberg, Welch, & Hattie, 1987). Während die 5-Sekunden-Darbietung auf einen (visuo-) motorischen Faktor lud, lag die 1-Sekunden-Darbietung auf einem zweiten Faktor gemeinsam mit der Mathematiknote (auf einen dritten Faktor "mutmaßlich kristalline Intelligenz" luden die Einschätzung der Intelligenz durch die Lehrer, der Schulabschluss der Eltern, die Deutsch- und ebenfalls die Mathematiknote). Der zweite Faktor (mutmaßlich "fluide Intelligenz") könnte neurologisch durch entsprechende Aktivierung des BA7 definiert sein, der auch durch mathematische Vorläuferfähigkeiten wie mentale Rotation oder Arithmetik aktiviert wird (Harris et al., 2000, Harris & Miniussi, 2003). Tatsächlich luden auch SV sowie sämtliche frühen vAG-Werte auf diesen Faktor. Dies würde auch erklären, warum der Bildungsstand der Eltern (resp. Schulabschluss) nicht mit dem SV bzw. vAG korreliert (siehe Kapitel 3.3).

12.3.4 Verbesserung des vAG insbesondere bei Mädchen

Auch die gefundene Geschlechtsspezifik der vAG-Leistung unterstützt diese Annahme, da für Mädchen auch für die anderen Fähigkeiten, die offensichtlich auf BA7 lokalisiert sind, schlechtere Ergebnisse nachgewiesen wurden (z. B. *mental rotation*: Collins & Kimura, 1997; Parsons et al., 2004). Solche Unterschiede treten bereits im Alter einiger Monate auf (Quinn & Liben, 2014) und werden in neueren Studien auf hormonelle (androgene) Unterschiede (Hampson, Levy-Cooperman, & Korman, 2014) zurückgeführt, teilweise bereits im prenatalen Stadium (Miller & Halpern, 2014). Die (spätere) Verbesserung bei Mental Rotation-Aufgaben scheint mit einer zusätzlichen Aktivierung anderer Bereiche ("Auslagerung") einher zu gehen (Kucian, v. Aster, Loennecker, Dietrich, Mast, & Martin, 2006), sowie insgesamt bei Frauen die zerebrale Aktivierung bei entsprechenden Aufgaben weniger fokal zu sein scheint (Halpern, 2011). Bei Frauen wurde eine relativ schnelle Verbesserung von *mental rotation-* und *spatial attention-* Fähigkeiten durch Action-Videospiele bereits nach 10 Stunden Training über den Leistungszuwachs von Männern hinaus festgestellt (Feng, Spence, & Pratt, 2007), so dass eine Verbesserung des vAG bei jüngeren Mädchen durch entsprechende Schwenkaufgaben nicht abwegig erscheint. Hier bieten sich (entsprechend Abschnitt 12.3.1) Teddy Tom Tests an.

12.4 Schwenkverständnis (SV)

12.4.1 Modell für das SV mit Alter und vAG als Prädiktoren

Mit *MFBT*, *TTT intro* und *TTT pan* wurde das SV bei Kindergartenkindern im Alter von drei bis sechs Jahren (N=60) untersucht und eine Korrelation mit dem Alter, mehr aber noch mit dem vAG festgestellt. Demnach können Kinder die meisten Schwenks verstehen, wenn sie sich die Lage zweier einfacher Objekte merken können: Jungen im Allgemeinen mit vier, Mädchen mit fünf Jahren. Damit konnte ein Modell entwickelt werden, das rund zwei Drittel der Varianzen des SV durch das Alter und das vAG (im Zusammenhang mit Geschlecht und Wahrnehmungs-geschwindigkeit) als Mediator aufklärt. Darüber hinaus wurden keine weiteren Faktoren berück sichtigt; auch weil bei den weiteren nahe liegenden Faktoren zum Teil eine Gemengelage vorliegt. Bei den in Abschnitt 3.3.4 angeführten Nebenuntersuchungen wurde zum Beispiel festgestellt, dass der Schulabschluss der Mutter negativ mit dem Fernsehkonsum der Kinder korreliert (Kinder gebildeterer Mütter schauen weniger fern), dieser wiederum positiv mit dem Alter. Andererseits schauen gebildetere Mütter häufiger mit ihren Kindern gemeinsam fern, was - zu mindest bei Mädchen - möglicherweise einen positiven Effekt auf das SV hat. Wegen der hohen Partialisierung für belastbare Aussagen war die Anzahl der Probanden viel zu gering. Solche Effekte können nicht ausgeschlossen werden, der Aufwand einer solchen Untersuchung scheint eventuelle Ergebnisse meines Erachtens nach aber nicht zu rechtfertigen. Eine detaillierte Diskussion zum Modell ist in Kapitel 9.4 angeführt.

12.4.2 Verbesserung des SV

12.4.2.1. Interventionen. Um zu überprüfen, ob (und ggf. wie) das SV verbessert werden kann, wurden zwei weitere Teddy Tom Tests mit identischen (*TTT rep*) und ähnlichen (*TTT sim*) Schwenks entwickelt und produziert. Bei einer Untersuchungsgruppe vier- und sechsjähriger Jungen (N=32) konnten zwischen den drei Interventionsgruppen untereinander (ähnliche und gleiche Schwenks sowie handlungsorientiertes Verständnis) als auch zur Kontrollgruppe keine signifikanten Unterschiede bzgl. der SV-Verbesserung festgestellt werden. Allerdings wurde am Ende der Untersuchung bei fast allen Jungen ein entsprechend hohes vAG festgestellt, wie es offensichtlich für ein allgemeines SV hinreichend ist. Kinder mit niedrigerem vAG zeigten entsprechend keine Verbesserung (jeweils unabhängig von der Intervention).

12.4.2.2. Transfer. Es wurde deshalb auch mit der ursprünglichen Gruppe (N=60) mit teilweise niedrigerem vAG in einer weiteren Sitzungen der *TTT rep* zusammen mit dem *MFBT* durchgeführt. Eine Verbesserung im Verständnis identischer Schwenks konnte nur bei Älteren bzw. Kindern mit hohem vAG-Level festgestellt werden, die bereits bei der ursprünglichen Aufgabe *TTT pan* ein entsprechend hohes SV aufwiesen.

In einer weiteren Untersuchung mit *TTT sim* und *MFBT* zeigten auch nur diese Kinder eine entsprechende Transferleistung beim Verständnis ähnlicher Schwenks. Lerneffekte waren nur in Zusammenhang mit entsprechend hohem vAG-Level bzw. Alter festzustellen. Dabei ist - wie bereits erwähnt - unklar, inwieweit SV und vAG ursächlich zusammenhängen. Die Auswertung eines Fragebogens, der von 37 Elternpaaren beantwortet wurde, lässt unter Berücksichtigung des Alters keinen signifikanten Zusammenhang zwischen täglichem TV-Konsum und SV bzw. -verbesserung erkennen: Konsumerhöhung "normalen" Fernsehens allein scheint für eine Verbesserung des SV nicht auszureichen.

12.4.3 Ursächlicher Zusammenhang zwischen SV und vAG

Im Ergebnis wurde von mir aus der Korrelation bzw. dem Zusammenhang zwischen den beiden Parametern vom vAG auf das SV geschlossen, da diese Richtung für die Anwendung der Filmproduktion entscheidend ist. Prinzipiell ist aber auch der Umkehrschluss möglich, da der ursächliche Zusammenhang nicht abschließend geklärt wurde. Da mutmaßlich beide Parameter den gleichen zerebralen Bereich aktivieren und somit zu einer gemeinsamen Verbesserung der dortigen lokalen kortikalen Vernetzung führen, kann umgekehrt auch von einer Verbesserung (bzw. Abhängigkeit) des vAG durch das SV ausgegangen werden.

12.5 Empfehlungen für die Filmproduktion

Filmemacher sollten bei Filmen, insbesondere wenn sie für jüngere Kinder konzipiert sind, die altersspezifischen Verständnismöglichkeiten berücksichtigen. Über den Maßnahmenkatalog von Fisch (2001) hinaus sollte bei zu erwartendem niedrigen Alter der Rezipienten einige schwenk-bezogene Empfehlungen berücksichtigt werden, die sich aus der vorliegenden Arbeit ergeben: Die Anzahl der Objekt bei Schwenks sollte möglichst gering sein, darüber hinaus erleichtern gemeinsame Bildanteile zu Beginn und am Ende des Schwenks die räumliche Orientierung, langsame Schwenks erleichtern die Erfassung von Objekten in der Schwenkphase. Distraktoren, Text-Bilddisparationen und missverständliche Aussagen, die zu Moseseffekten führen können, sollten vermieden werden. Nach unerwartetem Szenenwechsel sollten die Einstellungen länger stehen (mindestens fünf Sekunden), um Kindern Zeit zur Orientierung zu geben. Letztendlich sollten für die Bestimmung der Altersangemessenheit eines Kinderfilms nicht nur Inhalte, sondern auch die Voraussetzungen für das Verständnis des Schnitts berücksichtigt werden.

13. Ausblick

Mit den Untersuchungen konnte gezeigt werden, dass das Schwenkverständnis bei Kindern von drei bis sechs Jahren mit dem Alter zunimmt und insbesondere vom vAG abhängig ist. Neben dem Alter und dem vAG (und damit dem Geschlecht) werden weitere Faktoren vermutet, die für das Schwenkverständnis eine Rolle spielen könnten, wie z. B. die motorische Kompetenz oder das häusliche Umfeld bzw. der Bildungsstand der Eltern (respektive Intelligenz). Erste Befragungen der Erzieherinnen bzw. Eltern verstärken solche Annahmen (siehe Kapitel 3.3), müssen aber durch entsprechende Untersuchungen noch abgeklärt werden. So scheint z. B. eine höhere motorische Kompetenz das Verständnis schneller Schwenks zu erleichtern.

Ich konnte darüber hinaus zeigen, dass zumindest das Schwenkverständnis als Teil einer TV-, film- oder media-literacy nicht explizit erlernt werden muss, sondern dass es zumindest im Einhergang mit kognitiven Fähigkeiten offensichtlich ad hoc zur Verfügung steht. Dies setzt allerdings eine Mindestleistung des vAG voraus, die im Allgemeinen in einem Alter von sechs Jahren erreicht ist. Sie kann aber - insbesondere bei Jungen und durch Training - auch schon früher erreicht werden. Hier sollen weitere Untersuchungen vor allem den ursächlichen Zusammenhang zwischen SV und vAG aufzeigen bzw. die Frage klären, ob durch SV-Verbesserung (z. B. durch TTTs) auch das vAG verbessert werden kann.

Darüber hinaus sollten auch Untersuchungen bezüglich des Verständnisses verschiedener Umschnitt-Arten (Ran- und Wegsprung, Seitsprung mit/ohne gemeinsame Bildelemente, etc.) durchgeführt werden, um zu klären, inwieweit die vorliegenden Befunde spezifisch für Schwenks sind oder allgemein für das räumliche Verständnis von Schnitttechniken Gültigkeit haben - insbesondere, ob auch andere Schnitttechniken (formal features) vom vAG abhängen oder ob diese unabhängig vom vAG lehr- bzw. lernbar sind.

Literatur

Abelman, R. (1989). From here to Eternity: Children´s Acquisition of Understanding of Projective Size on Television. In: *Human Communication research, 15,* 463-481.

Ackerman, P. L., Beier, M. E., & Boyle, M. O. (2002). Individuum differences in working memory within a nomological network of cognitive and perceptual speed abilities. *Journal of Experimental Psychology: General, 131(4),* 567-589.

Alexander, W. K., Goodman, G. S., Schaaf, J. M., Edelstein, R. S., Quas, J. A., & Shaver, P. R. (2002). The role of attachment and cognitive inhibition in children's memory and suggestibility for a stressful event. *Journal of Exp. Child Psychology, 83*(4), 262-290.

Alloway, T. P., Gathercole, S. E., Adams, A. M., Willis, C., Eaglen, R., & Lamont, E. (2005). Working memory and phonological awareness as predictors of progress towards early learning goals at school entry. *British Journal of Developm. Psych., 23*(3), 417-426.

Alloway, T. P., Gathercole, S. E., Kirkwood, H., & Elliott, J. (2009). The cognitive and behavioral characteristics of children with low working memory. *Child development, 80*(2), 606-621.

Alloway, T. P., Gathercole, S. E., & Pickering, S. J. (2006). Verbal and visuospatial short-term and working memory in children: are they separable? *Child Dev. 77(6),* 698-716.

Alloway, T. P., Gathercole, S. E., Willis, C., & Adams, A.-M. (2004). A structural analysis of working memory and related cognitive skills in young children. *Journal of Experimental Child Psychology, 87,* 85–106.

Alloway, T. P., Gathercole, S. E., Kirkwood, H., & Elliott, J. (2009). The working memory rating scale: A classroom-based behavioral assessment of working memory. *Learning and Individual Differences, 19*(2), 242-245.

Anderson, D. R. (2001): *Kognitive Psychologie*, Heidelberg: Spektrum Akad.

Anderson, D. R. & Hanson, K. G. (2010): From blooming, buzzing confusion to media literacy: The early development of television viewing. *Development.* rev., 2, 239-255.

Anderson, D. R. & Hanson, K. G. (2009). Children, media & methology. *American Behavioral Scientist, 8,* 1204- 1219.

Atkinson, R. C. & Shiffrin, R. M. (1968). Human memory: a proposed system and its control processes. In: K.W. Spence & J.T. Spence (Hrsg.): *The psychology of Learning and Motivation: Advances in Research and Theory (Vol.2),* 89-195. New York: Academic

Atkinson, R. L., Atkinson, R. C., Smith, E. E., Bern, D. J. , & Nolen-Hoeksema, S. (1996). *Hilgard´s Introduction to Psychology (12. Aufl.).* Fort Worth: Hartcourt Brace College

Awh, E., Barton, B., & Vogel, E. K. (2008). Visual working memory represents a fixed number of items regardless of complexity. *Psychological Science, 18,* 622-628.

Baddeley, A. D. (2010). Working memory. *Current Biology, 20 (4),* 136-140.

Baddeley, A. D., (2003). Working memory. Looking back and looking forward. *Nature Reviews Neuroscience, 4,* 829-839.

Baddeley, A. D. (2000). The episodic buffer: A new component of working memory? *Trends in Cognitive Sciences, 4,* 417–423.

Baddeley, A. D. (1996). Exploring the central executive. *Quarterly Journal of Experimental Psychology, 49,* 5–28.

Baddeley, A. D. (1986). *Working memory.* Oxford, UK: Oxford University

Baddeley, A. D., & Hitch, G. J. (1974). Working memory. In: G. Bower (Ed.), *The psychology of learning and motivation,* 47-89. New York: Academic

Baggett, P. (1979): Structurally equivalent stories in movie and text and the effect of the medium on recall. *Journal of Verbal Learning and Verbal Behaviour, 18,* 333-356.

Ball, S., & Bogatz, G. A. (1970). The first year of Sesame Street: An evaluation. Educational Testing Service. *Princeton, New Jersey.*

Baron, R. M., & Kenny, D. A. (1986). The moderator–mediator variable distinction in social psychological research: Conceptual, strategic, and statistical considerations. *Journal of personality and social psychology, 51*(6), 1173.

Barth, K.-H. (1997). *Lernschwächen früh erkennen im Vorschul- und Grundschulalter.* München: Reinhardt

Basil, M. D., (1994): Multiple resource theory 1. Application to television Viewing. *Communication Research, 4, 21 (2)*, 177-207.

Becker, W. (1989): Metrics. In: R.H.Wurtz & M.E. Goldberg (Hrsg.): *The Neurobiology of Saccadic Eye Movements. Reviews of Oculomotor Research. Vol. 3*, 13-67. Amsterdam: Elsevier

Beentjes, J. W. J., de Koning, E., & Huysmans, F. (2001). Children's comprehension of visual formal features in television programs. *Applied Developmental Psych., 22*, 623–638.

Biederman, I. (1987). Recognition-by-components: A theory of human Image understanding. *Psychological Review, 94 (2)*, 115-147.

Birbaumer, N., & Schmidt, R.(1996). *Biologische Psychologie, 3.Auflage.* Berlin, Heidelberg, New York: Springer

Bogatz, G. A., & Ball, S. (1971). *The Second Year of Sesame Street: A Continuing Evaluation.* Volume 1.

Bor, D., Cumming, N., Scott, C. E., & Owen, A. M. (2004). Prefrontal cortical involvement encoding strategies. *European Journal of neuroscience, 19*, 3365-3370.

Branigan, A. R., McCallum, K. J., & Freese, J. (2013). Variation in the heritability of educational attainment: An international meta-analysis. *Northwestern University Institute for Policy Research Working Paper, 13*(09).

Broadbent, D. (1958). *Perception and Communication.* London: Pergamon

Brown, J.R. (1979). Einführung. In H. Sturm und J. R. Brown (Hrsg.): *Wie Kinder mit dem fernsehen umgehen.* Stuttgart.

Buckingham, D. (Hrsg., 1993). *Children Talking Television: Making of Television Literacy (Critical Perspectives on Literacy & Education).* London

Bülthoff, H. H., & Ruppertsberg, A. I. (2006): Funktionelle Prinzipien der Objekt- und Gesichtererkennung. In H.-O. Karnath & P. Thier (Hrsg.), *Neuropsychologie.* (2.Aufl.) Berlin, Heidelberg, New York: Springer

Bull, R., Espy, K. A., & Wiebe, S. A. (2008). Short-term memory, working memory, and executive functioning in preschoolers: Longitudinal predictors of mathematical achievement at age 7 years. *Developmental Neuropsychology, 33*, 205-228.

Bundschuh, K.: *Heilpädagogische Psychologie.* München/Basel 2002

Burger, K. (2012). A quasi-experimental study into the relations between families' social and cultural background and children's crèche experience and global cognitive competence in primary school. *Early Child Development and Care, 182*(7), 875-906.

Calvert, S., Huston, A. C., Watkins, B. A., & Wright, J. C. (1982). The effects of selective attention to television forms on children´s comprehension of content. *Child development,53*, 601-610.

Cambre, M. A., & Fernie, D. (1985). *Formative evaluation of Season IV .* 3-2-1 Contact. Assessing the appeal of four weeks of educational television programs and their influence on children's science comprehension and science interest.

Case, R. (1995). Capacity-based explanations of working memory growth: A brief history and reevaluation. In F. E. Weinert & W. Schneider (Hrsg.), *Memory performance and competencies: Issues of growth and development*, 23-44. Mahwah, NJ: L. Erlbaum

Case, R., Kurland, D. M., & Goldberg, J. (1982). Operational efficiency and the growth of short-term memory span. *Journal of Experimental Child Psychology, 33*, 386-404.

Cave, K. R., & Bichot, N. P. (1999). Visuospatial attention: Beyond a spotlight model. *Psychonomic Bulletin & Review, 6*(2), 204-223.

Chandler, P., & Sweller, J. (1991). Cognitiv load theory and the format of instruction. *Cognition and Instruction, 8*, 293-332.

Chase, W. G., & Ericsson, K. A. (1982). Skill and working memory. In G.H.Bower (Hrsg.), *The psychology of learning and motivation, 16*, 1-58. New York: Academic

Clifford, B. R., Gunter, B., & McAleer, J. (1995). Television and children. *Hillsdale: Erlbaum*

Collins, D. W., & Kimura, D. (1997). A large sex difference on a two-dimensional mental rotation task. *Behavioral neuroscience, 111*(4), 845.

Collins, W.A. (1982). Cognitive processing in television viewing. In D. Pearl, L. Bouthilet & J. Lazar (Hrsg.), *Television and behaviour, Vol.2, Technical Reviews*. Rockville

Colom, R., Haier, R. J., Head, K., Alvarez-Linera, J., Quiroga, M. A., Shih, P. C., & Jung, R. E. (2009). Gray matter correlates of fluid, crystallized, and spatial intelligence: Testing the P-FIT model. *Intelligence and the Brain, 37 (2)*, 124-135.

Colom, R., Quiroga, M. Á., Shih, P. C., Martínez, K., Burgaleta, M., Martínez-Molina, A., & Ramírez, I. (2010). Improvement in working memory is not related to increased intelligence scores. *Intelligence, 38*(5), 497-505.

Conway, A. R., Cowan, N., Bunting, M. F., Therriault, D. J., & Minkoff, S. R. (2002). A latent variable analysis of working memory capacity, short-term memory capacity, processing speed, and general fluid intelligence. *Intelligence, 30*(2), 163-183.

Conway, A. R., Kane, M. J., & Engle, R. W. (2003). Working memory capacity and its relation to general intelligence. *Trends in cognitive sciences, 7*(12), 547-552.

Corsi, P. M. (1972). *Human memory and the medial temporal region of the brain* (Doctoral dissertation, ProQuest Information & Learning).

Courtney, S. M., Ungerleider, L. G., Keil, K., & Haxby, J.V. (1996). Object and spatial Visual Working Memory Activate Separate Neural Systems in Human Cortex. *Cerebral Cortex, 6*, 39-49.

Cowan, N. (2001). The magical number 4 in short-term memory: A reconsideration of mental storage capacity. In P. Bloom & B. Finlay (Hrsg.), *Behavioural and Brain Sciences 24*, 87-114. Cambridge: Cambridge University

Cowan, N., Elliot, E. M., Scott Saults, J., Morey, C. C., Mattox, S., Hismjatullna, A., & Conway, A. R. (2005). On the capacity of attention: its estimation and its role in working memory and cognitive aptitudes. *Cognitive Psychology, 51(1)*, 42-100.

Cowan, N., Hismjatullina, A., AuBuchon, A. M., & Saults, J.S. (2010). With development, list recall includes more chunks, not just larger ones. *Developmental Psychology, 46(5)*, 1119-1131.

Cowan, N., & Rouder, J. N. (2009). Comment on "dynamic shifts of limited working memory resources in human vision". *Science, 323 (5916)*, 877.

Craik, K. J. (1948): Theory of human operator in control systems II. Man as an element in a control system, *British Journal of Psychology, 38*, 142-148.

Croner, L. J., & Kaplan, E. (1995). Receptive fields of P and M ganglion cells across the primate retina. *Vision Res 35*, 7-24.

Curby, K. M., & Gauthier, I. (2007). A visual short-term memory advantage for faces *Psychonomy Bulletin & Review, 14*, 620-628.

Cutzu, F., & Tsotos, J. K. (2003). The selective tuning model of attention: psychophysical evidence for a suppressive annulus around an attended item. *Vision Res, 43(2)*, 205- 219.

Deary, I. J., Spinath, F. M., & Bates, T. C. (2006). Genetics of intelligence. *European Journal of Human Genetics, 14*(6), 690-700.

De Jong, P. F., & Das-Smaal, E. A. (1995). Attention and intelligence: The validity of the star counting test. *Journal of Educational Psychology, 87(1)*, 80-92.

Della Sala, S., Gray, C., Baddeley, A.D. Allamano, N., & Wilson, L. (1997). Visual pattern test Bury St Edmunds: Thames Valley Test Company

DeLoache, J. S. (2002). Symbolic artifacts: Understanding and use. In U.Goswami (Hrsg.), *Blackwell handbook of childhood cognitive development*, 206-226. London: Blackwell

DeLoache, J. S., Pierroutsakos, S. L., Uttal, D. H., Rosengren, K. S., & Gottlieb, A. (1998). Grasping the nature of pictures. *Psychological Science, 9*, 205-210.

Desimone, R., & Duncan, J. (1995). Neural mechanism of selective visual attention. *Ann. Rev. Neurosci., 18*, 193-222.

Deutsch, J. A., & Deutsch, D. (1963). Attention: Some theoretical considerations. *Psychological Review, 70*, 80-90.

Diamond, A. (1988). Abilities and neural mechanisms underlying AB performance. *Child Development*, 523-527.

Diamond, A. (2002). Normal development of prefrontal cortex from birth to young adulthood: Cognitive functions, anatomy, and biochemistry.

Dorris, M. C., & Munoz, D. P. (1998). Saccadic probability influences motor preparation signals and time to saccadic initiation. *Journal of Neuroscience, 18*, 7015-7026.

Dudai, Y. (2004). The neurobiology of consolidations, or, how stable is the engram? *Annual Review of Psychology, 55*, 51–86.

Dudel J., Menzel R., & Schmidt R.(Hrsg., 1996). *Neurowissenschaft; Vom Molekül zur Kognition.* 1.Auflage. Berlin: Springer

Duncan, J. (1984). Selective attention and the organisation of visual information. *Journal of Experimental Psychology, 113(4)*, 501-517.

D`Ydewalle, G., Vanderbeeken, M. (1990). Perceptual and cognitive processing of editing rules in films. In R. Groner, G. d`Ydewalle & R. Parham (Hrsg.), *From eye to mind: information acquisition in perception, search and reading*, 129-139, Amsterdam: Elsevier

D`Ydewalle, G., Desmet, G., & Van Rensbergen, J. (1998). Film perception: The processing of film cuts. In G. Underwood (Ed.), *Eye guidance in reading and scene perception*, 357-367. Oxford, UK: Elsevier.

Eisenstein, S. ([1929] 1979). Dramaturgie der Film-Form. Der dialektische Zugang zur FilmForm. In F.-J- Albersmeier (Hrsg.), Texte zur Theorie des Films. 3. Aufl. 1998, 275-304. Stuttgart: reclam

Engelkamp, J., & Zimmer, H. D. (1990): Unterschiede in der Repräsentation und Verarbeitung von Wissen in Abhängigkeit von Kanal, Reizmodalität, Inhalt und Aufgabenstellung. In K. Böhme-Dürr (Hrsg.), *Wissensveränderung durch Medien. Theoretische Grundlagen und empirische Analysen*, 84-97.

Erickson, T. D., & Mattson, M. E. (1981). From words to meaning: A semantic illusion. *Journal of Verbal Learning and Verbal Behavior, 20*(5), 540-551.

Ericsson, K. A. (1985). Memory skill. *Canadian Journal of psychology, 39*, 188-231.

Ericsson, K. A., & Staszewski, J. (1989). Skilled memory and expertise: mechanism of exceptional performance. In D.Klahr & K.Kotovsky (Hrsg.), *Complex information processing: The impact of Herbert A Simon*, 235-267. Hillsdale, NJ: Erlbaum

Eriksen, C. W., & St James, J. D. (1986). Visual attention within and around the focal attention: a zoom lens model. *Perception Psychophysics, 40(4)*, 225–240.

Erickson, T. D., & Mattson, M. E. (1981). From words to meaning: A semantic illusion. *Journal of Verbal Learning and Verbal Behavior, 20*(5), 540-551.

Feierabend, S. (2006). Lebenswelt und Mediennutzung von Vorschulkindern und deren Eltern. In G. Frey-Vor & G. Schumacher (Hg.): *Kinder und Medien 2003/2004. Eine Studie der ARD/ZDF-Medienkommission*. Baden-Baden: Nomos, 204–234.

Feierabend, S., & Klingler, W. (2009). Was Kinder sehen. *Media-Perspektiven*, 8, 398-412.

Feng, J., Spence, I., & Pratt, J. (2007). Playing an action video game reduces gender differences in spatial cognition. *Psychological science, 18*(10), 850-855.

Fisch, S. M. (2000). A capacity model of children´s comprehension of educational content on television. *Media psychology*, 2, 63-91.

Fischer, B., Biscaldi, M. &, Gezeck, St. (1997). On the development of voluntary and reflexive components in human saccade generation. *Brain research 754 (1-2)*, 285-297.

Fletcher, P. C., & Henson, R. N. (2001). Frontal lobes and human memory: Insights from functional neuroimaging. *Brain, 124*, 849-881.

Flusser, V. (2008). *Medienkultur.* Frankfurt /M: Fischer Taschenbuch

Fraser, B.J., Walberg, H.J., Welch, W.W, & Hattie, J.A. (1987). Syntheses of educational productivity research. *International Journal of Research,11*, 147-252.

Frey, A., Althaus, D., & Duhm, E. (2008). *Beobachtungsbogen für 3-bis 6-jährige Kinder: BBK 3-6; Manual.* Hogrefe

Fry, A. F., & Hale, S. (2000). Relationships among processing speed, working memory and fluid intelligence in children. *Biological Psychology, 54 (1-3)*, 1-34.

Fuster, J. M. (1995). *Memory in cerebral cortex: an empirical approach to neural networks in the human and nonhuman primate.* MIT Press

Gathercole, S. E., Pickering, S. J., Ambridge, B., & Wearing, H. (2004). The structure of working memory from 4 to 15 years of age. *Developmental Psychology, 40*, 177- 190.

Gbedd, J., Blumenthal, J., Jeffries, N. O., Rajapakse, J. C., Vaituzis, A. C., Liu, H., Berry, Y. C. Tobin, M., Nelson, J., & Castellanos, F. X. (1999). Development of the human corpus callosum during childhood and adolescence: A longitudinal MRI study. *Progress in Neuro-Psychopharmacology and Biological Psychiatry, 23 (4)*, 571–588.

Geiger, S., & Reeves, B. (1993): The effects of scene changes and semantic attention to television. *Communication Research, 20*, 155-175.

Gelman, R. & Meck, E. (1983). Preschoolers´ counting: principles before skill. *Cognition, 13*, 343 - 359.

Gläscher, J., Rudrauf, D., Colom, R., Paul, L.K., Tranel, D., Damasio, H., & Adolphs, R. (2010) Distributed neural system for general intelligence revealed by lesion mapping. *Proceedings of the national Academy of Sciences, 107(10)*, 4705-4709.

Glejser, H. (1969). A new test for hereroskedasticity. *Journal of the American statistical Association, 325(64)*, 316-323.

Goldman-Rakic, P. S. (1987). Circuitry of primate prefrontal cortex and regulation of behavior by representational memory. *Comprehensive Physiology.*

Goldman-Rakic, P. S. (1995). Cellular basis of working memory. *Neuron, 14*(3), 477-485.

Goldstein, E. Br. (2002): *Wahrnehmungspsychologie.* Heidelberg: Spektrum Akademischer

Greenfield, P. M. (1987). *Kinder und neue Medien. Die Wirkung von Fernsehen, Videospielen und Computern.* München: Psychologie Verlagsunion

Grill-Spector, K., & Malach, R. (2004). The human visual Cortex. *Annual Reviews of Neuroscience, 27*, 649-677.

Groeben, N. (2004). Medienkompetenz. In R. Mangold, P. Vorderer & G. Bente (Hrsg.), *Lehrbuch der Medienpsychologie*, 22-49. Göttingen: Hogrefe

Haier, R.J. (2011). Biological basis of intelligence. In R.J. Sternberg & S.B.Kaufman (eds.): *The Cambridge Handbook of Intelligence*, 351-370. Cambridge: Cambridge Univ.

Halder, A (2000). *Philosophisches Wörterbuch*, 360. Freiburg: Herder

Hall, E. R., Esty, E. T., & Fisch, S. M. (1990). Television and children's problem-solving behavior: A synopsis of an evaluation of the effects of Square One TV. *The Journal of Mathematical Behavior.*

Halpern, D. F. (2011). *Sex differences in cognitive abilities.* Psychology press.

Hampson, E., Levy-Cooperman, N. A., & Korman, J. M. (2014). Estradiol and Mental Rotation: Relation to Dimensionality, Difficulty, or Angular Disparity? *Hormones and behavior.*

Harris, I. M., Egan, G. F., Sonkkila, C., Tochon-Danguy, H. J., Paxinos, G., & Watson, J. D. (2000). Selective right parietal lobe activation during mental rotation A parametric PET study. *Brain, 123*(1), 65-73.

Harris, I. M., & Miniussi, C. (2003). Parietal lobe contribution to mental rotation demonstrated with rTMS. *Journal of Cognitive Neuroscience, 15*(3), 315-323.

Hartshorn, K., Rovee-Collier, C., Gerhardstein, P., Bhatt, R. S., Klein, P. J., Aaron, F., ... & Wurtzel, N. (1998). Developmental changes in the specificity of memory over the first year of life. *Developmental Psychobiology, 33*(1), 61-78.

Hayes, A. F. (2013). *Introduction to mediation, moderation, and conditional process analysis: a regression-based approach.* New York: Guilford

Hendry, S. H., & Yoshioka, T. (1994). A neurochemically distinct third channel in the macaque dorsal lateral geniculate nucleus. *Science, 264*(5158), 575-577.

Hickethier, K. (1979). Lexikon der Grundbegriffe der Film- und Fernsehsprache. In J. Paech (Hg.), *Film- und Fernsehsprache. Texte zur Entwicklung, Struktur und Analyse der Film- und Fernsehsprache.* 2. Aufl., 45-47. Frankfurt/M.: Moritz Diesterweg

Hitch, G. J. (1990). Developmental fractionation of working memory. In G.Vallar & T.Shallice (Hrsg.), *Neuropsychological impaiment of short-term memory*, 221-246. Cambridge: Cambrige University

Hitchcock, A. (1954). *Rear Window.* Perf. James Stewart, Grace Kelly, & Thelma Ritter. Paramount.

Hobbs, R. (2011). The state of media literacy: A response to Potter. *Journal of Broadcasting & Electronic Media, 55*(3), 419-430.

Hobbs, R. (1998). The seven great debates in the media literacy movement. *Journal of communication, 48*(1), 16-32.

Hobbs, R., Frost, R., Davis, A., & Stauffer, J. (1988). How first-time viewers comprehend editing conventions. *Journal of communication, 38(4)*, 50-60.

Holmbeck, G. N. (1997). Toward terminological, conceptual, and statistical clarity in the study of mediators and moderators: examples from the child-clinical and pediatric psychology literatures. *Journal of consulting and clinical psychology, 65*(4), 599.

Horn, J. L., & Cattell, R. B. (1966). Refinement and test of the theory of fluid and crystallized intelligence. *Journal of Educational Psychology, 57,* 253–270.

Horn, J. L., & Noll, J. (1997). Human cognitive capabilities: Gf-Gc theory. In D. P. Flanagan, J. L. Genshaft, & P. L Harrison (eds.), *Beyond traditional intellectual assessment: Contemporary and emerging theories, tests, and issues,*53-91. New York: Guilford

Huston, A. C., & Wright, J. C. (1983). Children´s processing of television: the informative functions of formal features. In J. Byrant & D. R. Anderson (Hrsg.), *Children´s understanding of television: Research on attention and comprehension*, 35-68. New York: Academic

Huston, A. C., & Wright, J. C. (1997). Mass media and children's development. In I.E. Sigel & K.A. Renninger (Eds.), *Handbook of child psychology: Vol. 4. Child psychology in practice* (5th ed.), 999–1058. New York, NY: John Wiley & Sons.

Ildirar, S., & Schwan, S. (2014). First-time viewers' comprehension of films: Bridging shot transitions. *British Journal of Psychology.* DOI: 10.1111/bjop.12069.

Itti, L., & Koch, C. (2001). Feature combination strategies for saliency-based visual attention systems. *Journal of Electronic Imaging, 10(1),* 161-169.

Itti, L., Koch, C., & Niebur, E. (1998). A model of saliency-based visual attention for rapid scene analysis, *IEEE Trans. Pattern anal. Mach. Intell. 20(11),* 1254-1259.

James, W. (1890). *The principles of psychology.* New York: Holt

Jensen, A.R. (1998). *The g-Factor: the Science of mental Ability,* Praeger.

Jung, R. E., & Haier, R. J. (2007). The Parieto-Frontal Integration Theory (P-FIT) of intelligence: converging neuroimaging evidence. *Behavioral and Brain Sciences, 30*(02), 135-154.

Kahnemann, D. (1973). *Attention and Effort,* NJ: Prentice Hall

Kail, R. (1991). Developmental change in speed of processing during childhood. *Psychological Bulletin, 109,* 490-501.

Kail, R., & Park, Y.-S. (1994). Processing time, articulation time, and memory span. *Journal of Experimental Child Psychology, 57,* 281–291.

Kandel. E. R., Schwartz, J. H., Jessell, T. M. (2000): Principles of Neural Science (vierte Auflage) McGraw-Hill Professional Publishing, Kapitel 25- 29.

Kantowitz, B. H., & Knight, J. L. (1976). Testing tapping timesharing: I. Auditory secondary task, *Acta Psychologica, 40*, 343-362.

Katz, D. (1969). Gestaltpsychologie. Basel/Stuttgart: Schwabe und Co

Kaufman, J. C., Kaufman, S. B., & Plucker, J. A. (2013). Contemporary Theories of Intelligence. *Oxford Handbook of Cognitive Psychology, Oxford:Oxford University*

Kirkorian, H. (2008). Age differences in eye movements during video viewing. *Dissertation Abstracts international- Section B: The Sciences and Engineering. 68 (7-b)* 4865.

Kirkorian, H., Anderson, D. R., & Keen, R. (2012). Age differences in online processing of video: An eye movement study. *Child development,* 83 (2), 497-507.

Kirkorian, H. L., Wartella, E. A., & Anderson, D. R. (2008). Media and young children's learning. *The Future of Children, 18(1),* 39–61.

Kjorup, S. (1977). Film as a meeting place of multiple codes. In D.Perkins & B.Leondar (Hrsg.), *The arts and cognition.* Baltimore: Johns Hopkins

Klenberg, L., Korkman, M., & Lahti-Nuuttila, P. (2001). Differential development of attention and executive functions in 3-to 12-year-old Finnish children. *Developmental neuropsychology,* 20(1), 407-428.

Klingberg, T. (2006). Development of a superior frontal-intrparietal network for visuo-spatial working memory. *Neuropsychologia, 44* (11), 2171-2177.

Koch, C., & Ullman, S. (1985). Shifts in selective visual attention – towards the underlying neural circuitry. *Human. Neurobiol., 4,* 219-227.

Kucian, K., von Aster, M., Loenneker, T., Dietrich, T., Mast, F. W., & Martin, E. (2007). Brain activation during mental rotation in school children and adults. *Journal of neural transmission, 114*(5), 675-686.

Kyllonen, P. C. (1996). Is working memory capacity Spearman´s g? In I. Dennis & P.Zapsfield (Hrsg.), *Human abilities. Their nature and measurement,* 49-75. Mahwah, NJ:L. Erlbaum

Lang, A. (1990). Involuntary attention and physiological arousal evoked by structural features and mild emotion in TV commercials. *Communication Research, 17,* 257-299.

Lang, A. (1991). Emotion, formal features, and memory for televised political advertisements. In F. Biocca (Hrsg), *Television and political advertising, vol 1,* 221-244. Hillsdale, L. Erlbaum

Lang, A., Geiger, S., Strickwerda, M., & Sumner, J. (1993). The effects of related and unrelated cuts on viewers´ memory for television: A limited capacity theory of television viewing. *Communication Research, 20,* 4-29.

Lang, A., Zhou, S., Schwartz, N., Bolls, P. D., & Potter, R. F. (2000). The Effects of Edits on Arousal, Attention and Memory for Television Messages: When an Edit Is an Edit Can an Edit Be Too Much? *J. of Broadcasting & Electronic Media, 44 (1),* 94-109.

Lang, P. J., Simons, R. F., & Balaban, M. T. (1997). *Attention and orienting: Sensory and motivational processes.* Hillsdale, NJ: Lawrence Erlbaum

Leibowitz, H.W., Post, R. B., Brandt, T., & Dichgans, J, (1982). Implicants of recent dvelopments in dynamic spatial orientation and visual resolution for vehicle guidance. In Wertheim, Wagenaar & Leibowitz (Hrsg), *Tutorials on motion perception,* 231-260. New York: Plenum

Leigh, R. J., & Zee, D. S. (1999). *The Neurology of Eye Movements* (3. Aufl.), New York: Oxford University

Levine, Susan C., Huttenlocher, Janellen, Taylor, Amy, Langrock, Adela, 1999. Early sex differences in spatial skill. Developmental Psychology 35, 940–949.

Leyda, J. (1960). Kino. *A history of the Russian and Soviet Film.* New York: McMillan

Linke, D. B. (2001). *Kunst und Gehirn. Die Eroberung des Unsichtbaren.* Reinbek: Rowohlt

Liu, Y., & Wickens, C. D. (1992). Visual scanning with or without spatial uncertainty and divided and selective attention. *Acta Psychologica, 79,* 131-153.

Livingstone, S. (2004a). Media literacy and the challenge of new information and communication technologies. *The Communication Review,* 7 (1), 3-14.

Livingstone, S. (2004b). What is media literacy? *Intermedia, 32* (3), 18-20.

Logan, G. D., & Etherton, J. L. (1994). What is learned in automatization? The role of attention in constructing an instance. *Journal of Experimental Psychology: Learning, Memory, and Cognition, 20*, 1022-1050.

Logie, R. H., & Pearson, D. G. (1997). The inner eye and the inner scribe of visuo-spatial Working memory: Evidence from developmental fractionation. *European Journal of Cognitive Psychology, 9(3)*, 241-257.

Logie, R.H. (1995). *Visuo-spatial working memory.* Hove: Lawrence Erlbaum

Luck, S. J., & Vogel, E. K. (1997). The capacity of visual working memory for features and conjunctions. *Nature, 390*, 279-281.

Luders, E., Narr, K.L., Thompson, P.M., & Toga, A.W. (2009). Neuroanatomical correlates of intelligence. *Intelligence, 37(2)*, 156-163.

Luders, E., Thompson, P.M.,Toga, A.W. (2010). The development of the corpus callostrum in the healthy human brain. *The Journal of Neuroscience, 30(33)*, 10985-10990.

Luna, B., Thulborn, K.R., Munoz, D.P., Merriam, E.P., Garver, K.E., Minshew, N.J., Keshavan, M.S., Genovese, C.R., Eddy, W.F., & Sweeney, J.A. 2001. Maturation of widely distributed brain function subserves cognitive development. *NeuroImage,*13, 786–793.

Lustig, C., May, C., & Hasher, L. (2001). Working memory and the role of proactive interference. *Journal of Experimental Psychology: general, 130(2)*, 199-207.

Lynn, R. (1966): *Attention, arousal and the orientation reaction.* Oxford: Pergamon

Mammarella, I. C., Pazzaglia, F., & Cornoldi, C. (2008). Evidence for different components in children's visuospatial working memory. *British Journal of Developmental Psychology, 26*(3), 337–355. doi:10.1348/026151007X236061

Mander, J. (1978): *Four arguments for the elimination of television.* New York (dt.: Schafft das Fernsehen ab! Reinbek 1979)

Martin, D., Fowlkes, C., & Malik, J. (2004). Learning to detect natural image boundaries using local brightness, color and texture cues, *IEEE Trans. Pattern Anal. Mach. Intell. 26(5)*, 530-549.

Mayer, R. E. (2002*). The promise of educational psychology: Vol.2, teaching for meaningful learning.* New York: Cambridge University

Mayer, R. E. (2001). Multimedia learning. In B.H.Ross (Hrsg.), *The Psychology of learning and Motivation. Vol 41.* San Diego: Elsevier

Mayer, R. E. (1997). Multimedia learning. Are we Asking the Right Questions? *Journal of Educational Psychology 32*, 1-19.

Mayer, R. E., & Chandler, P. (2001). When learning is just a click away. Does simple user interaction foster deeper understanding of multimedia messages? *J. of educational psychology, 93*, 390-397.

Medienpädagogische Einrichtungen (2009). *keine Bildung ohne Medien.Medienpädagogisches Manifest. http://www.keine-bildung-ohne-medien.de/pages/medienpaed-manifest/ [Stand: 01.012015].*

Metz, Chr. (1972). *Semiologie des Films.* 199ff. München: Fink

Messaris, P. (1994). *Visual literacy: Image, mind and reality.* Boulder: Westview

Metzger, W. (1953). *Gesetze des Sehens.* Frankfurt/M.: Kramer

Metzger, W. (1954). *Psychologie. Die Entwicklung ihrer Grundannahmen seit der Einführung des Experiments.* Darmstadt: Steinkopf

Meyrowitz, J. (1998). Multiple media literacy. *Journal of Communication, 48*, 96–108.

Michel, E., Roebers, C. M., & Schneider, W. (2007). Educational films in the classroom: Increasing the benefit. *Learning and Instruction, 17*, 172-183.

Miller, G. A. (1956). The magical number seven, plus or minus two: some limits on our capacity for processing information. *Psychological Review, 63(2)*, 81-97.

Miller, D. I., & Halpern, D. F. (2014). The new science of cognitive sex differences. *Trends in cognitive sciences, 18*(1), 37-45.

Miyake, A., & Shah, P. (1999). *Models of working memory: Mechanisms of active maintenance and executive control.* Cambridge: Cambridge University

Monaco, J. (1990). *Film verstehen.* München: rororo.

Moriguchi, Y., Okanda, M., & Itakura, S. (2008). Young children's yes bias: How does it relate to verbal ability, inhibitory control, and theory of mind?. *First language, 28*(4), 431-442.

Moscovitch, M., Rosenbaum, R. S., Gilboa, A., Addis, D. R., Westmacott, R., Grady, C., McAndrews, M. P., Levine, B., Black, S., Wincour, G., & Nadel, L. (2005). Functional neuroanatomy of remote episodic, semantic and spatial memory: a unified account based on multiple trace theory. *Journal of Anatomy, 207*, 35-66.

Müller, N. G., Mollenhauer, M. Rösler, A., & Kleinschmidt, A. (2005). The attentional field has a exican hat distribution. *Vision Res, 45(9)*, 1129-1137.

Munk, C. (2010). *Filmverständnis und Medienkompetenz im Vorschul- und Grundschulalter.* Hamburg: Dr. Kovac.

Munk, C., Rey, G. D., Diergarten, A. K., Nieding, G., Schneider, W., & Ohler, P. (2012). Cognitive processing of film cuts among 4-to 8-year-old children: An eye tracker experiment. *European Psychologist,* 17 (4), 257.

Murphy, C.M., & Wood, D. J.(1981*). Learning through media: A comparison of 4-8-year-old children´s responses to filmed and pictorial instruction.* Nottingham

Narr, K.L., Woods, R.P., Thompson, P.M., Szeszko, P., Robinson, D., Dimtcheva, T., Gurbani, M., Toga, A.W., & Bilder, R.M. (2007). Relationships between IQ and regional cortical gray matter thickness in healthy adults. Cerebral Cortex 17, 2163-2171.

Navon, D., & Gopher, D. (1979). On the economy of the human processing systems. *Psychological Review, 86*, 354-255.

Neidhardt, E. (2004). *Die ontogenetische Entwicklung von Raumkognition in Makroräumen: Pfadintegration bei Vorschul- und Grundschulkindern* (Doctoral dissertation).

Nelson, C.H., de Haan, M., & Thomas, K.M. (2006). *Neuroscience of Cognitive Development. The Role of Experience and Developing Brain.* New Jersey: John Wiley & Sons

Nieding, G., & Ohler, P. (2008). Mediennutzung und Medienwirkung bei Kindern und Jugendlichen. In B. Batinic & M. Appel (Hrsg.), *Medienpsychologie,* 379-400. Heidelberg: Springer

Nieding, G., & Ohler, P. (2006 a). Der Erwerb medialer Zeichenkompetenz zwischen 3 und 7 Jahren. *tv diskurs 38,* (10)

Nieding, G. & Ohler, P. (2006b). Medieneinflüsse auf Kinder und Jugendliche. In M. Hasselhorn & W. Schneider (Hrsg.), *Handbuch der Psychologie, Band: Entwicklungspsychologie.* Gottingen

Nieding, G., & Ohler, P. (2004). Die Entwicklung des Verstehens und der Verwendung von externen Repräsentationen in der Kindheit am Beispiel von Stand- und Laufbildern. In K. Sachs-Hombach (Hrsg.), *Bildwissenschaft zwischen Reflexion und Anwendung.* 317-330.

North, R. A. (1977). Task functional demands as factors in dual-task performance. In A. Neal & R. Palacek (Hrsg.), *Proceedings of the 21st annual Meeting of the Human Factors Society.* 367-371.

Nummenmaa, T. (1969). Children's description of simple events. *Annales Academiae Scientiarum Fennicae: Dissertationes Humanum Litterarum.*

Oberauer, K. (1993). Die Koordination kognitiver Operationen - eine Studie über die Beziehung zwischen Intelligenz und "working memory". *Zeitschrift für Psychol., 201,* 57-84.

Oberauer, K. (2005). The measurement of working memory capacity. In O.Wilhelm & R.W. Engle (Eds.), *Handbook of understanding and measuring Intelligence,* 393-407. Thousand Oaks, CA: Sage.

Oberauer, K., & Kliegl, R. (2001). Beyond resources: Formal models of complexity effects and age differences in working memory. *European Journal of Cognitive Psychology, 13,* 187-215.

Oerter, R., & Montada, L. (2002). Entwicklungspsychologie. 5., vollständig überarbeitete Auflage. *PVU: Weinheim.*

Ohler, P. (1994). Zur kognitiven Modellierung von Aspekten des Spannungserlebens bei der Filmrezeption. *Montage/av – ForumSpannung,3 1,* 133-141.

Ohler, P., & Nieding, G. (2004). Die Entwicklung des Verstehens und der Verwendung von externen Repräsentationen in der Kindheit am Beispiel von Stand- und Laufbildern. In K. Sachs-Hombach (Hrsg.), *Bildwissenschaft zwischen Reflexion und Anwendung*. 317–330.

Okanda, M., Kanda, T., Ishiguro, H., & Itakura, S. (2013). Three-and 4-year-old children's response tendencies to various interviewers. *J. of experimental child psychology, 116*(1), 68-77.

Olesen, P. J., Westerberg, H., & Klingberg, T. (2003). Increased prefrontal and parietal activity after training of working memory. *Nature neuroscience* 7(1), 75-79.

Paivio, A. (1986). *Mental Representations: A dual coding approach*. Oxford: Oxford University

Palmer, S.E. (1999). *Vision Science*. Cambridge: MIT

Parsons, T. D., Larson, P., Kratz, K., Thiebaux, M., Bluestein, B., Buckwalter, J. G., & Rizzo, A. A. (2004). Sex differences in mental rotation and spatial rotation in a virtual environment. *Neuropsychologia, 42*(4), 555-562.

Pavlov, I. P. (1927*). Conditioned reflexes: An Investigation of the Physiological Activity of the Cerebral Cortex*. Translated and Ed. by G. V. Anrep. London. Oxford University

Peterson, C., & Grant, M. Forced-Choice: Are Forensic Interviewers asking the Right Questions? *Canadian Journal of behavioural Science, 33, 2* (2001), 118-127.

Petrides, M. (2005). Lateral prefrontal cortex: architectonic and functional organization. *Philosophical transactions of the Royal Society of London – series B 360*, 781-795.

Pezdek, K., & Lehrer, A. (1983). *The relationship between reading and cognitive processing of media*. Claremont (zit. nach Greenfield, 1987)

Pflüger, U., & Wingert, G. (1974): *Vorschulfernsehen. Untersuchung von Sendungen aus der Vorschulreihe „Das feuerrote Spielmobil". Ergebnisbericht*. München: Wiss. Inst. für Jugend- und Bildungsfragen in Film und Fernsehen

Piaget, J. (1929). *The child's conception of the world* (Vol. 213). Rowman & Littlefield.

Piaget, J. (1978). *Das Weltbild des Kindes*. München: Cotta.

Piaget, J. (2000). *Psychologie der Intelligenz*. München: Klett-Cotta.

Pickering, S. J., & Gathercole, S. E. (2001). *Working memory Test Batterie for Children (WMTB-C)*. London: Psychological Corporation.

Pickering, S. J., Gathercole, S. E., Hall, M., & Lloyd, S. A. (2001). Development of memory for pattern and path: Further evidence for the fractionation of visuo-spatial memory. *Quarterly Journal of Experimental Psychology, 49A*(1), 178-199.

Piefke, M., Weiss, P. H., Zilles, K. Markowitsch, H. J., & Fink, G. R. (2003). Differential emoteness and emotional tone modulate the neural correlates auf autobiographical emory. *Brain, 126*, 650-668.

PISA. (2001). *Knowledge and skills for life: First results from the OECD programme for international student assessment (PISA) 2000*. Paris: OECD.

PISA. (2004). *Learning for tomorrow's world: First results from PISA 2003*. Paris: OECD.

PISA. (2007). *Science competencies for tomorrow's world*. Paris: OECD.

Pittorf, M. L., Huckauf, A., & Lehmann, W. (2010). Zum kindlichen Verständnis der typischen technischen Filmelemente Schwenk und Umschnitt. *Medien und Erziehung: Mediengebrauch von Kindern im Alter von 0 bis 6 Jahren, 54 (6)*, 94-105.

Pittorf, M. L., Lehmann, W., & Huckauf, A. (2014a). Visual working memory and perception peed of 3- to 6-year-old children tested with a Matrix Film Battery Test.*Early Child evelopment and Care, 184* (6), 843-854.

Pittorf, M. L., Lehmann, W., & Huckauf, A. (2014b). The understanding of pans in 3- to 6-year old children. *Media Psychology, 17 (3)*, 332-355.

Pollmann, St. (2008). *Allgemeine Psychologie*. München: UTB reinhardt

Posner, M. I. (1980). Orienting of attention, *Q. J. Exp. Psychol. 32(1)*, 3-25.

Posner, M. I., Snyder, C. R., & Davidson, B. J. (1980): Attention and the detection of signals. *Journal of Experimental Psychology, 109(2)*, 160-174

Postman. N. (1982). *The dissapearence of childhood*. New York (dt.: Das Verschwinden der Kindheit. Frankfurt/M 1983).

Potter, W.J. (2012). *Media literacy.* Thousand Oaks, CA: Sage.

Potter, W. J. (2004). Argument for the need for a cognitive theory of media literacy. *American Behavioral Scientist, 48*(2), 266-272.

Prasad, S., & Galetta, S.L. (2011). Anatomy and physiology of the afferent visual system.In Chr. Kennard & R.J. Leigh (Hrsg.), *Neuro-ophtalmology: Handbook of Clinical neurology, Volume 102.* Amsterdam: Elsevier

Preacher, K. J., & Leonardelli, G. J. (2003). Calculation for the Sobel test. *An interactive calculation tool for mediation tests.*

Previc, F. H. (2000). Neuropsychological guidelines for aircraft control stations, *IEEE Engineering in Medicine and Biology, 3-4,* 81-88.

Pudowkin, W. I. (1972). Über die Montage. In K. Witte (Hrsg.), *Theorie des Kinos,* 113 -127. Frankfurt: Suhrkamp

Purpura, K., Kaplan, E., & Shapley, R. M. (1988). Background light and the contrast gain of primate P and M retinal ganglion cells. *Proc. of the Nat. Acad. of Science, 85 (12),* 4534-4537.

Quinn, P. C., & Eimas, P. D. (1996). Perceptual organization and categorization in young infants. *Advances in infancy research, 10,* 1-36.

Quinn, P. C., & Liben, L. S. (2014). A sex difference in mental rotation in infants: Convergent evidence. *Infancy, 19*(1), 103-116.

Reder, L. M., & Cleeremans, A. (1990). The role of partial matches in comprehension: The Moses illusion revisited. *Psychology of Learning and Motivation, 25,* 233-258.

Reeves, B., Lang, A., Kim, Y. E., & Tatar, D. (1999): The Effects of Screen Size and Message Content on Attention and Arousal. *Media Psychology, 1,* 49-67.

Reeves, B., Thorson, E., Rothschild, M., McDonald, D., Hirsch, J., & Goldstein, R. (1985). Attention to Television: Intrastimulus effects of movement and scene changes on alpha variation over time. *International Journal of Neuroscience, 25,* 241-255.

Renner, K. N. (1994). Der" Salomon-Effekt" als Herausforderung der Fernseh-Macher. Zur Gestaltung von Magazin-Beiträgen. *Arbeitshefte Bildschirmmedien, 48,* 61-78.

Rice, M. L., Huston, A. C., Truglio, R., & Wright, J. C. (1990). Words from" Sesame Street": Learning vocabulary while viewing. *Developmental Psychology, 26*(3), 421.

Rocha, E. M., Marche, T.A, & Briere, J.L.. The effect of force-choice questions on children´s suggestibility: A comparison of multi-choice and yes/no questions. *Canadian Journal of behavioural Science, 45, 1* (2013), 1-11.

Roebers, C. M., & Zoelch, C. (2005). Erfassung und Struktur des phonologischen und visuell-räumlichen Arbeitsgedächtnisses bei 4-jährigen Kindern. *Zeitschrift für Entwicklungs- und Pädagogische Psychologie, 37,* 113-121.

Roelfsema, P., Lamme, V., & Spekreijse, H. (1998). Object-based attention in the primary visual cortex of the macaque monkey. *Nature, 395 (6700),* 376-381.

Rolfe, J. M. (1973). The secondary task as a measure of mental load. In W. T. Singleton, J. G. Fox & D. Whitfield (Hrsg.), *Measurement of Man at Work.* London: Taylor & Francis

Rueda, M. R., Rothbart, M. K., McCandliss, B. D., Saccomanno, L., & Posner, M. I. (2005). Training, maturation, and genetic influences on the development of executive attention. *Proceedings of the National Academy of Science of the U. States of America,* 102 (41, 14931-14936

Sagi, D., & Julesz, B. (1986). Enhanced detection in the aperture of focal attention. *Nature 321,* 693-395.

Salomon, G. (1979). *Interaction of media, cognition and learning.* S.F.: Jossey-Bass

Salomon, G. (1984). Television is"easy" and print is" tough": The differential investment of mental effort in learning as a function of perceptions and attributions. *J.of ed psy, 76*(4), 647.

Salomon, G., & Cohen, A. A. (1977). Television formats, mastery of mental skills, and acquisition of knowledge. *Journal of Educational Psychology, 69,* 612-619

Schanen, M. (2004). *Geisterteppe (Spooky Stairs).* Uehlfeld: Drei Magier

Schmid, C., Zoelch, Ch., & Roebers, C.M. (2008). Das Arbeitsgedächtnis von 4-5jährigen Kindern. *Zeitschrift für Entwicklungspsychologie und Pädagogische Psychologie, 40(1),* 2-12.

Schumann-Hengsteler, R. (1995). *Die Entwicklung des visuell-räumlichen Gedächtnisses.* Göttingen: Hogrefe-Verlag für Psychologie.

Schumm, G. (1993). Feinschnitt. Die verborgene Arbeit an der Blickregie. In H.Beller (Hrsg.), *Handbuch der Filmmontage. Praxis und Prinzipien des Filmschnitts.* München: TR Verlagsunion

Schwan, St., & Ildirar, S. (2010). Watching Film for the First Time: How Adult Viewers Interpret perceptual Discontinuities in Film. *Psychological Science, 21(7)*, 970-976.

Schwippert, K., Bos, W., & Lankes, E. M. (2003). Heterogenität und Chancengleichheit am Ende der vierten Jahrgangsstufe im internationalen Vergleich. In W.Bos (Hg.), *Erste Ergebnisse aus IGLU. Schülerleistungen am Ende der vierten Jahrgangsstufe im internationalen Vergleich. Munster/New York (Waxmann)*, 265-300.

Scolari, M., Vogel, E. V., & Awh, E. (2008). Perceptual expertise enhances the resolution but not the number of representations in working memory. *Psychonomic Bull. & Rev., 15*, 215-222.

Scullin, M. H., & Bonner, K. (2006). Theory of mind, inhibitory control, and preschool-age children's suggestibility in different interviewing contexts. *Journal of experimental child psychology, 93*(2), 120-138.

Sechenov, I. M., (1863). Refleksy golovnogo mozga. *Meditsinsky vestnik,* 47-48.

Sereno, M. I., Dale, A. M., Reppas, J. B., Kwong, K. K., Belliveau, J. W., & Brady, T. J. (1995). Borders of multiple visual areas in humans revealed by functional magnetic resonance imaging. *Science, 268 (5212)*, 889-893.

Shi, J., & Malik, J. (2000). Normalized cuts and image segmentation. *IEEE Trans. Pattern anal. Mach. Intell. 22 (8)*, 888-905.

Smith, R., Anderson, D. R., & Fisher, C. R. (1985). Young children´s comprehension of montage. *Child Development, 56*, 962-971.

Slotnick, S. D. (2004). Visual memory and visual perception recruit common neural substrates. *Behavioral and Cognitive Neuroscience Reviews, 3*(4), 207-221.

Sodian, B. (2008). Entwicklung des Denkens. In R.Oerter & L.Montada (Hrsg.), *Entwicklungs-pschologie, 436-479, (6.Aufl.). Weinheim: Beltz*

Sokolov, E. N. (1960): Neuronal models and the orienting reflex. In M. A. B. Brazier (Hrsg), *The central nervous System and Behaviour,* 187-276. NewYork: Josiah Macy Jr.

Song, H., & Schwarz, N. (2008). Fluency and the detection of misleading questions: Low processing fluency attenuates the Moses illusion. *Social Cognition, 26*(6), 791-799.

Spallek, R. (2004). *Gesunde Sinne für starke Kinder. Entwicklungsstörungen erkennen und behandeln.* Düsseldorf, Zürich: Walter

Sparks, D. L., Rohrer, W. H., & Zhang, Y. (2000). The role of superior colliculus in saccade initiation: a study of express saccades and the gap effect. *Vision Res 40*, 2763-2777.

Sperling, G. (1960). The information available in brief visual presentation. *Psy. Monographs 74*, 498.

Spitzer, M. (2005). *Vorsicht, Bildschirm!* Stuttgart: Klett

Spitzer, M. (2006). *Erfolgreich lernen in Kindergarten und Schule,* DVD Müllheim/Baden

Squire, L. R. (1987). *Memory and Brain.* New York: Oxford University

Sturm, Hertha (1972). Massenmedien als Bildungsfaktoren, In Funkuniversität, Berlin (West) (Hrsg.): *Medienforschung.* Berlin: Colloquium 1974, 64-75.

Sturm, H., & Jörg, S. (1980). *Informationsverarbeitung durch Kinder. Piagets Entwicklungstheorie auf Hörfunk und Fernsehen angewandt. Eine empirische Studie zu Wirkungen von Fernsehen und Hörfunk.* München: DeGruyter-Saur

Süß, H. M., Oberauer, K., Wittmann, W. W., Wilhelm, O., & Schulze, R. (2002). Working memory capacity explains reasoning ability -and a little bit more. *Intelligence,30*(3), 261-288.

Swanson, H. L. (1999). What develops in working memory? A life span perspective. *Developmental Psychology, 35(4)*, 986-1000.

Sweller, J. (1999). *Instructional design in technical areas.* Camberwell, Australien: Acer

Sweller, J. (1988). Cognitive load during problem solving. Effects on learning. *Cog. sci,12*, 257-285.

Talairach J., Tournoux, P. (1988). *Co-planar stereotaxis atlas of the human brain (Rayport M.,trans).* New York: Thieme.

Thorson, E., Lang, A. (1992). The effects of television videographics and lecture familiarity on adult cardiac orienting responses and memory. *Communic. Res., 19 (3)*, 346-369.

Tipper, S. P. (1985). The negative priming effect: inhibitory priming by ignored objects. *Quart. Journal Exp. Psychology, 37A (4)*, 571-590.

Toll, S. W., Van der Ven, S. H., Kroesbergen, E. H., & Van Luit, J. E. (2011). Executive functions as predictors of math learning disabilities. *J. of learning disabilities, 44*(6), 521-532.

Treisman, A. M., & Gelade, G. (1980). A feature-integration theory of attention, *Cognitive Psychol. 12(1)*, 97-136.

Troseth, G. L., Pierroutsakos, S. L., & DeLoache, J. S. (2004). From the innocent to the intelligent eye: The early development of pictorial competence. *Advances in child development and behavior, 32*, 1-35.

Turkheimer, E., & Horn, E. E. (2014). Interactions Between Socioeconomic Status and Components of Variation in Cognitive Ability. In *Behavior Genetics of Cognition Across the Lifespan*, 41-68. New York: Springer.

Ungerleider, L. G., Courtney, S. M., & Haxby, J. V. (1998). A neural system for human visual working memory. *Proceedings of the national Academy of Science, 95*, 883-890.

Van Leeuwen, M., van den Berg, S. M., Hoekstra, R.A, & Boomsma, D.I. (2007). Endophenotypes for intelligence in children and adolescents. *Intelligence, 35 (4)*, 369-380.

Vuontela, V., Steenari, M.R., Carlson, S., Koivisto,J., Fjällberg, M., & Aronen, E.T. (2003). Audiospatial and Visuospatial Working Memory in 6-13 Year Old School Children. *Learning & Memory 10*, 74-78.

Walther, D., Rutishauser, U., Koch, Chr., & Perona, P. (2005). Selective visual attention enables learning and recognition of multiple objects in cluttered scenes. *Computer Vision and Image Understanding, 100*, 41 - 63.

Watzka, L. (1968). *Kleinkind und Fernsehen. Eine vergleichende experimentelle Studie*. München, Wien: österr. Bundesverlag für Unterricht, Wissenschaft und Kunst

Weidenmann, B. (2002). Abbilder in Multimediaanwendungen. In L.J.Issing & P.Klimsa(Hrsg.), *Information und lernen mit Multimedia*, 3. Aufl., 83-96. Weinheim: Psychologie Verlagsunion

Weiner, B. (1972). *Theories of motivation: From mechanism to cognition*. Oxford: Markham.

Weinstein, L. F., & Wickens, C. D. (1992). Use of nontraditional flight displays for the reduction of central visual overload in the cockpit. *International Journal of aviation Psychology, 2*, 121-142.

Welford, A. T. (1967). Single channel operation in the brain. *Acta Psychologica, 27*, 5-21.

Welsh, M. C. (2002). Developmental and clinical variations in executive functions. In D.L. Molfese & V.J. Molfese (Ed), *Developmental variations in learning: Applications to social, executive function, language, and reading skills*, 139-185. Mahwah, NJ, US: Lawrence Erlbaum

Welsh, M. C., & Pennington, B. F. (1988). Assessing frontal lobe functioning in children: Views from developmental psychology. *Developm. neuropsychology, 4*(3), 199-230.

Wickens, C. D. (2002). Multiples resources and performance prediction. *Theor. Issues in Ergon. Sci., 3 (2)*, 159-177.

Wickens, C. D. (1980). The structure of attentional resources. In R. Nickerson (Hrsg.), *Attention and Performance. 8*, 239-257. Hillsdale, NJ: Lawrence Erlbaum

Wilms, I. L., Petersen, A., & Vangkilde, S. (2013). Intensive video gaming improves encoding speed to visual short-term memory in young male adults. *Acta psychologica, 142*(1), 108-118.

Winn, M. (1977). *The plug-in drug*. NY (dt.: Die Droge im Wohnzimmer. Reinbek. 1979)

Wittrock, M. C. (1989). Generative processes of comprehension. *Ed. Psychologist,24*, 345-376.

Wynn, K. (1990). Children´s understanding of counting. *Cognition, 36*, 155

Yerkes, R. M., & Dodson, J. D. (1908). The relation of strength of stimulus to rapidity of habit-formation. *Journal of Comparative neurology and psychology, 18*, 459 - 482.

Young, M. S., & Stanton, N. A. (1997). Automotive automation: investigating the impact on driver´s mental workload. *International Journal of Cognitive Ergonomics, 1*, 325-336.

Zimmer, R. (2005*). Handbuch der Sinneswahrnehmung. Grundlagen einer ganzheitlichen Bildung und Erziehung*. 13. Gesamtaufl., Freiburg: Herder

Appendix

A. 1 Shotlist Teddy TOM Test *TTT intro*

	Text	Ereignis	Storyboard
00:00 – 00:25	"Teddy Tom - Teddy Tom? Oh, das bin ja ich! Was, Du kennst mich nicht? Ich bin ein kleiner Teddy. Hallo! Und wer bist Du?- Ich bin schon 7 Jahre alt, und Du? - Auch schon ganz schön groß! Hast Du Lust, mit mir zu spielen? - Fein!	Teddy Tom nah. Kommt von rechts ins Bild. Vorstellung.	
00:25 – 00:43	Schau mal, das ist mein Zwillingsbruder Max, der sieht fast genau so aus wie ich. Nur, einer von uns hat blaue Gummistiefel an und einer hat gelbe Gummistiefel an. Weißt du, welche Gummistiefel ich an habe?	- Schwenk 1 Sekunde - von rechts nach links und zurück - Wegsprung	
00:43 – 01:01	Guck mal, in dem Baum vor unserem Fenster hängen zwei Äpfel, ein gelber und ein roter. Weißt Du, welcher von den beiden Apfeln höher hängt?	- Schwenk, 2,5 Sekunden - von oben nach unten	
01:01 – 01:15	Oh, ich habe meinen Ball gestern beim Spielen vergessen! Wenn du genau hinschaust, siehst du, dass zwischen dem Ball und den Blumen zwei kleine Käfer sitzen. Schau mal, hier, ein heller und ein dunkler. Weißt Du, welcher näher an den Blumen sitzt?	- Umschnitt mit Bildanteil - Ransprung	
01:15 – 01:32	Bei uns im Dorf gibt es zwei Schulen, eine grüne mit Fahne und eine rote ohne Fahne. Ich gehe jetzt in meine Schule. Weißt Du, welche meine Schule ist, die grüne mit der Fahne oder die rote ohne Fahne?	- Umschnitt ohne Bildanteil - Ransprung	

01:32 – 01:48	Da sind schon meine Freunde, die Ente und die Kuh…und das Schweinchen. Wir sagen immer 'Schweinchen Schlau', aber das hört er nicht so gerne, da ist er traurig. Weißt Du, wer von den dreien in der Mitte steht?	- Umschnitt mit Bildanteil - Seitsprung nach rechts	
01:48 – 02:16	In unserer Schule gibt es eine Garderobe für unsere Sachen. Es gibt ein Kleeblatt, ein Herz, das ist *mein* Haken, eine Kugel und einen Stern. Genau unter seinem Haken hat jeder seinen *eigenen* Hocker. Es gibt einen gelben Hocker, einen blauen, einen roten und einen grünen Hocker. Weißt Du, welcher Hocker mein Hocker ist?	- Raumschwenk - 7 Sekunden nach links - 4 Sekunden nach unten - 6 Sekunden nach rechts	
02:16 – 02:35	Oh, Rechnen, das ist nicht so meine Stärke, aber vielleicht kannst Du mir helfen? Kannst Du mir sagen, wie viele Bälle hier zu sehen sind? Kannst Du mir auch sagen, welche Farben die Bälle haben?	- Stand	
02:35 – 02:53	Und in Deutsch hatten wir auf: jeder sollte einen Gegenstand mitbringen, der mit B anfängt. Zeigt Eure Sachen mal hoch! Eine Brille, ein Buch und ein Stift. Wer hat denn da den Stift mitgebracht? Ach so, ein Bleistift!	- Umschnitt ohne Bildanteil - Sprung nach oben	
02:53 – 03:17	Dann hatten wir Kunstunterricht. Malen und Zeichnen mach ich gerne! Wir sollten diese drei Dinge nebeneinander anordnen. Ich hab´s so gemacht. Die Anderen haben es ein bisschen anders gemacht. Weißt Du, welches Bild meins ist? Zeig einfach drauf!	- Schwenk, 3 Sekunden - von links nach rechts	
03:17 – 03:30	Jetzt ist Pause, das mag ich am liebsten! Vielleicht sehen wir uns ja noch mal. Vielen Dank fürs Spielen, Tschüß."	Teddy Tom nah Kommt ins Bild und verabschiedet sich	

A. 2 Shotlist Teddy TOM Test *TTT pan*

	Text	Ereignis	Storyboard
00:00 – 00:25	"Teddy Tom? Oh, das bin ja ich! Hallo, da bist Du ja wieder! Hast Du Lust, wieder mit mir zu spielen?	Teddy Tom nah. Kommt von rechts ins Bild. Vorstellung.	
00:25 – 00:45	Meinen Zwillingsbruder Max kennst du ja noch. Heute haben wir keine Gummistiefel angezogen, es ist viel zu schönes Wetter- aber wir haben blaue Schuhe und rote Schuhe an. Weißt Du, welche Schuhe *ich* an habe?	- Schwenk 1 Sekunde - von rechts nach links und zurück - Wegsprung	
00:45 – 01:01	Guck mal, in dem Baum vor unserem Fenster sitzen zwei kleine Vögel, ein blauer und ein gelber. Weißt Du, welcher von den beiden Vögeln *höher* sitzt?	- Schwenk, 1 Sekunde - von oben nach unten	
01:01 – 01:19	Mal sehen, ob mein Ball immer noch im Garten neben den Blumen liegt. Tatsächlich! - Und ob die Käfer auch noch da sind? Ein heller und ein dunkler. Weißt Du, welcher näher an den Blumen sitzt?	- Umschnitt mit Bildanteil - Ransprung	
01:15 – 01:36	In meinem Dorf, das weißt Du ja, gibt es zwei Schulen, eine grüne mit Fahne und eine rote ohne Fahne. Ich geh jetzt in meine Schule. Weißt Du, welche Schule meine ist, die grüne mit der Fahne oder die rote ohne Fahne?	- Umschnitt ohne Bildanteil - Ransprung	
01:36 – 01:53	Kannst Du dich noch an meine Freunde erinnern? Das Entchen, die Kuh und Schweinchen Schlau. Weißt Du, wer von den dreien in der Mitte steht?	- Umschnitt mit Bildanteil - Seitsprung nach rechts	

01:53 – 02:24	In unserer Schule hängen wir unsere Sachen erst einmal in der Garderobe auf. Wir haben jetzt neue Stühle bekommen. Es gibt ein Kleeblatt, ein Herz, das ist mein Haken, eine Kugel und einen Stern. Genau unter seinem Haken hat jeder seinen *eigenen* Stuhl. Es gibt einen roten Stuhl, einen grünen, einen gelben und einen blauen Stuhl. Weißt Du, welcher *mein* Stuhl ist?	- Raumschwenk - 7 Sekunden nach links - 4 Sekunden nach unten - 6 Sekunden nach rechts	
02:24 – 02:41	Und in Deutsch hatten wir ja auf, jeder sollte einen Gegenstand mitbringen, der mit B anfängt. Das waren eine Brille, ein Buch und ein Bleistift. Weißt du noch, wer den Stift mitgebracht hat?	- Umschnitt ohne Bildanteil - Sprung nach oben	
02:41 – 03:15	Im Kunstunterricht haben wir wieder gebastelt. Oh, das mach ich so gerne! Wir sollten diese 3 Dinge nebeneinander anordnen. Ich hab´s so gemacht. Die Anderen haben es ein bisschen anders gemacht. Weißt du, welches Bild meins ist? Zeig einfach drauf!	- Schwenk, 4 Sekunden - von links nach rechts	
03:15 – 03:35	Das haben wir auch mit anderen Dingen gemacht. Ich hab das *so* gemacht. Die Anderen haben es natürlich ein bisschen anders gemacht. Weißt Du, welches Bild meins ist? Zeig einfach drauf!	- Schwenk, 3 Sekunden - von links nach rechts	
03:35 – 04:01	Lass es uns noch mal machen! Diese 3 Dinge habe ich so angeordnet. Die Anderen haben es wieder anders gemacht. Zeigst Du, welches Bild meins ist?	- Schwenk, 4 Sekunden - von rechts nach links	
04:01 – 04:26	Das kannst du richtig gut, lass es uns noch einmal machen! Diese 4 Dinge, das sind schon ganz schön viele, hab ich so angeordnet. Weißt Du, welches mein Bild ist?	- Schwenk, 5 Sekunden - von links nach rechts	

04:25 – 04:52	Das ist schon ganz schön schwer! Wollen wir es noch mal probieren? Diese 4 Gegenstände habe ich *so* angeordnet. Die Anderen haben es wieder anders gemacht. Zeigst Du auf mein Bild?	- Schwenk, 4 Sekunden - von rechts nach links
04:52 – 05:11	Als ich meinen Tee trinken wollte, entdeckte ich 4 kleine Raupen - kannst Du mir sagen, welche der Raupen am nächsten an meinem Becher sitzt?	- Schwenk, 3 Sekunden - von recht nach links
05:11 – 05:32	Am besten nehme ich sie mit raus in den Hof. Neben den Blumen liegen unsere Bälle. Kannst Du mir sagen, welcher Ball am nächsten an der blauen Blume liegt? Und kannst du mir auch sagen, welche Farbe der Ball hat, der am nächsten an der roten Blume liegt?	- Schwenk, 4 Sekunden - von rechts nach links
05:32 – 05:50	Wollen wir verstecken spielen? Am besten verstecke ich mich hinter einem Baum. Und los geht's! Kannst Du mir sagen, hinter welchen Baum ich versteckt bin? Zeig einfach drauf!	- Umschnitt ohne Bildanteil - Ransprung
05:50 – 06:02	Schau mal, in diesem Baum sitzen 3 kleine Vögelchen! Weißt Du, welcher der Vögel am nächsten an der Bank sitzt?	- Schwenk, 4 Sekunden - von unten nach oben
06:02 – 06:15	Guck mal, die Raupen sitzen alle an einer Blume! Davon mache ich schnell ein Foto. Weißt Du, wie das Bild mit den Raupen und der Blume dann aussieht? Zeig einfach	- Schwenk, 4,5 Sekunden - von links nach rechts

115

	darauf!		
06:15 – 06:29	Jetzt klettern sie den Baum hoch! Welche Raupe ist am nächsten an dem Apfel und wird wohl zuerst hinein beißen können?	- Schwenk, 4 Sekunden - von unten nach oben	
06:29 – 06:36	Neben dem Baum wachsen 3 Blumen. Weißt Du, welche von den 3 Blumen am nächsten an dem Baum wächst?	- Schwenk, 1 Sekunden - von links nach rechts	
06:36 – 06:50	Ich packe die Raupen am besten in eine Kiste, damit sie sich verpuppen können. Weißt Du, welcher Gegenstand am nächsten am Baum steht?	- Schwenk, 3 Sekunden - von rechts nach links	
06:50 – 07:00	Aber da sind ja noch mehr Kisten! Welche Kiste steht denn hier jetzt am nächsten an dem Baum?	- Schwenk, 3 Sekunden - von links nach rechts	
07:00 – 07:15	Oh, da sind ja meine Freunde und die bringen noch mehr Kis-ten mit! Weißt Du, welche Kiste jetzt am nächsten am Baum steht?	- Schwenk, 4 Sekunden - von rechts nach links	
07:15 – 07:26	Meine Freunde, die machen nur Quatsch, jetzt vertauschen sie die Kisten! Und welche Kiste steht jetzt am nächsten am Baum?	- Schwenk, 2 Sekunden - von links nach rechts	
07:26 – 07:37	Jetzt haben sie schon wieder die Kisten vertauscht- hoffentlich finde ich die Raupen wieder! Weißt Du, welche Kiste jetzt am nächsten am Baum steht?	- Schwenk, 1,2 Sekunden - von rechts nach links	
07:37 – 07:48	Oh, ich muss auch wieder rein, der Unterricht geht weiter! War schön, wieder mit dir zu spielen, vielen Dank, bis bald, Tschüß!	Teddy Tom verabschiedet sich	

A. 3 Shotlist Teddy TOM Test *TTT rep*

	Text	Ereignis	Storybord
00:00 – 00:10	"Hallo, schön dass Du wieder da bist. Hast du wieder Lust, mit mir zu spielen?	Teddy Tom nah. Kommt von rechts ins Bild. Vorstellung.	
00:10 – 00:24	Guck mal, in dem Baum vor unserem Fenster hängen zwei Äpfel, ein gelber und ein roter. Weißt Du, welcher von den beiden Äpfeln höher hängt?	- Schwenk, 2,5 Sekunden - von oben nach unten	
00:24 – 00:55	In unserer Schule gibt es eine Garderobe für unsere Sachen. Es gibt ein Kleeblatt, ein Herz, das ist mein Haken, eine Kugel und einen Stern. Genau unter seinem Haken hat jeder seinen eigenen Hocker. Es gibt einen gelben Hocker, einen blauen, einen roten und einen grünen Hocker. Weißt Du, welcher Hocker mein Hocker ist?	- Raumschwenk - 7 Sekunden nach links - 4 Sekunden nach unten - 6 Sekunden nach rechts	
00:55 – 01:06	In dem Baum vor unserem Fenster sitzen 2 kleine Vögel, ein blauer und ein gelber. Weißt Du, welcher von den beiden Vögeln höher sitzt?	- Schwenk, 1 Sekunde - von oben nach unten	
01:06 – 01:14	Hier siehst Du Kisten. Welche Kiste steht am nächsten am Baum?	- Schwenk, 3 Sekunden - von links nach rechts	
01:14 – 01:30	Oh, da sind ja meine Freunde und die bringen noch mehr Kisten mit. Weißt Du, welche Kiste jetzt am nächsten am Baum steht?"	- Schwenk, 4 Sekunden - von rechts nach links	

01:30 – 01:42	Meine Freunde, die machen nur Quatsch- jetzt vertauschen sie die Kisten! Und welche Kiste steht jetzt am nächsten am Baum?	- Schwenk, 2 Sekunden - von links nach rechts	
01:42 – 01:52	Jetzt haben schon wieder die Kisten vertauscht, hoffent-lich finde ich die Raupen wieder! Weißt Du, welche Kiste jetzt am nächsten am Baum steht?	- Schwenk, 1,2 Sekunden - von rechts nach links	
01:52 – 02:07	4 kleine Raupen: jetzt klettern sie den Baum hoch! Welche Raupe ist am nächsten an dem Apfel und wird wohl zuerst hinein beißen können?	- Schwenk, 4 Sekunden - von unten nach oben	
02:07 – 02:14	Neben dem Baum wachsen 3 Blumen. Weißt Du, welche von den 3 Blumen am nächsten an dem Baum wächst?	- Schwenk, 1 Sekunden - von links nach rechts	
02:14 – 02:29	Schau mal, in diesem Baum sitzen 3 kleine Vögelchen! Weißt Du, welcher der Vögel am nächsten an der Bank sitzt?	- Schwenk, 4 Sekunden - von unten nach oben	
02:29 – 02:33	Machs gut, vielen Dank fürs Spielen, Tschüß!	Verabschiedung	

A. 4 Shotlist Teddy TOM Test *TTT sim*

	Text	Ereignis	Storybord
00:00 – 00:15	Teddy Tom. Hallo, da bist Du ja wieder! Hast du Lust, wieder mit mir zu spielen?	Teddy Tom nah. Kommt von rechts ins Bild. Vorstellung.	
00:15 – 00:35	Heute ist schönes Wetter und meine Freunde und ich wollen zum See fahren und die Schmetterlinge suchen. Dazu nehme ich auch meine Kamera mit. Sie liegt auf meinem Schreibtisch. Kannst Du mir sagen, welches meiner Schulhefte näher an meiner Kamera liegt?	- Schwenk, 3 Sekunden - von rechts nach links	
00:35 – 00:46	Auf meinem Schreibtisch hab ich auch Buntstifte in einer Schale. Weißt Du, welcher der 3 Stifte in der Mitte ist?	- Umschnitt mit Bildanteil - Seitsprung nach links	
00:46 – 01:03	Ich hole noch schnell meinen Ball aus dem Garten. Ah, da ist er ja! Davon mache ich noch schnell ein Foto. Kannst Du mir sagen, wie das Foto dann aussieht? Zeig einfach darauf.	- Schwenk, 2 Sekunden - von rechts nach links - Wegsprung	
01:03 – 01:16	Ah, wie schön! Auf unserer Gartenbank sitzen 2 Vögel. Davon mache ich auch noch ein Foto. Wie sieht das Foto dann aus? Zeig wieder drauf!	- Schwenk, 2 Sekunden - von links nach rechts - Wegsprung	
01:16 – 01:34	Nun aber los zum See! Wir haben zwei Autos, aber wir können nur mit einem zum See fahren. Ich gehe jetzt zu dem Auto und setze mich hinein. Weißt Du, in welches	- Umschnitt ohne Bildanteil - Ransprung	

	Auto ich mich gesetzt habe?		
01:34 – 01:45	Neben dem See stehen 3 Badehäuschen. Kannst Du mir sagen, welche Farbe das Badehäuschen hat, das am nächsten am See steht?	- Schwenk, 2 Sekunden - von links nach rechts	
01:45 – 02:00	Und wenn wir noch mal genauer hinschauen, dann siehst du, dass zwischen dem See und dem Badehäuschen 3 Blumen wachsen. Weißt Du, welche Farbe die Blume hat, die am nächsten am See wächst?	- Umschnitt mit Bildanteil - Ransprung	
02:00 – 02:16	Auf der anderen Seite stehen noch 2 Bäume mit jeweils einer Bank. Kannst Du mir sagen, welche Farbe die Bank hat, die am nächsten am See steht?	- Umschnitt mit Bildanteil - Ransprung - Schwenk, 4 Sekunden - von oben nach unten	
02:16 – 02:27	In einem der Bäume wachsen 3 Äpfel. Welcher der Äpfel hängt am höchsten?"	- Schwenk, 1,5 Sekunden - von oben nach unten	
02:27 – 02:47	Und im anderen Baum sitzen 3 Vögel. Sie sitzen unter einem Apfel, einer Raupe und noch einem Apfel. Welche Farbe hat der Vogel, der unter der Raupe sitzt?	- Raumschwenk - 3 Sekunden von rechts nach links - 3 Sekunden von unten nach oben - 3 Sekunde von links nach rechts	
02:47 – 02:58	Jetzt stehe ich neben einem Schild - und auf dem Parkplatz stehen drei Autos. Welche Farbe hat das Auto, das mir am nächsten steht?	- Umschnitt mit Bildanteil - Seitsprung nach links	

02:58 – 03:10	Jetzt gehe ich erst mal zum Wasser und entdecke dort: Fische! Weißt Du, welcher Fisch am nächsten an mir schwimmt?	- Umschnitt ohne Bildanteil - Seitsprung nach links	
03:00 – 03:30	Die Fische möchte ich foto-grafieren. Aber sie schwim-men ja umher! Gerade sehe ich sie so. davon mache ich ein Foto. Weißt Du, wie das Foto mit den Fischen dann aussieht?	- Schwenk, 2,5 Sekunden - von links nach rechts - Wegsprung	
03:30 – 03:45	Aber sie sind schon wieder umher geschwommen! Nun sehe ich sie so. Das fotogra-fiere ich auch gleich. Zeigst Du mir, wie das Foto aus-sieht?	- Schwenk, 4 Sekunden - von oben nach unten - Wegsprung	
03:45 – 04:02	Ah, da sind ja meine Freunde und sie haben ihre Bademat-ten mitgebracht und am See ausgelegt! Weißt Du, welche Farbe die Badematte hat, die am nächsten am See liegt?	- Schwenk, 4 Sekunden - von links nach rechts	
04:02 – 04:21	Hey, guck mal! Da sind ja die Schmetterlinge und sie setzen sich an die Sonnen-schirme meiner Freunde! Welcher Schmetterling sitzt am höchsten am Sonnenschirm?	- Schwenk, 4 Sekunden - von oben nach unten	
04:21 – 04:30	Die anderen sitzen an einem anderen Schirm. Weißt Du, welcher Schmetterling hier am höchsten sitzt?	- Schwenk, 2 Sekunden - von oben nach unten	

04:30 – 04:41	Ha ha, jetzt flattern sie umher und setzen sich um! Welche Farbe hat der Schmetterling, der jetzt am höchsten sitzt?	- Schwenk, 1,5 Sekunden - von oben nach unten	
04:41 – 04:51	Und welcher Schmetterling sitzt an diesem Sonnen-schirm am höchsten?	- Schwenk, 1 Sekunde - von oben nach unten	
04:51 – 05:02	Nun haben sie sich schon wieder umgesetzt! Welcher Schmetterling sitzt denn hier am höchsten?	- Schwenk, 2 Sekunden - von oben nach unten	
05:02 – 05:22	Die anderen beiden haben sich zwischen 2 Blumen ge-setzt. Welche Farbe hat der Schmetterling, der näher an der roten Blume sitzt? Und welche Farbe hat der Schmetterling, der am nächs-ten an der weißen Blume sitzt?	- Schwenk, 5 Sekunden - von links nach rechts	
05:22 – 05:38	Meine Freunde waren schon baden und haben sich abge-trocknet. Dabei haben sie ihre 3 Badetücher anders hingelegt. Welche Farbe hat das Badetuch, das jetzt in der Mitte liegt?	- Umschnitt mit Bildanteil - Seitsprung nach links - mit Zwischenschnitt	

05:38 – 05:49	Schau mal in diesen Baum! Welcher Schmetterling sitzt am nächsten am Apfel?	- Schwenk, 4 Sekunden - von unten nach oben	
05:49 – 06:03	Ich werde mich jetzt umziehen. Dazu geh in eins der Badehäuschen. Weißt Du, in welches Badehäus-chen ich gegangen bin?	- Umschnitt ohne Bildanteil - Ransprung	
06:03 – 06:12	Hinter einem Badehäuschen wachsen 3 Blumen. Weißt Du, welche Farbe die Blume hat, die in der Mitte wächst?	- Umschnitt mit Bildanteil - Seitsprung nach rechts	
06:12 – 06:29	Ah, wie schön, da sind ja wieder 2 Schmetterlinge! Sie flattern jeweils über einem Vogel, oh gefährlich! Wel-cher Schmetterling flattert über dem blauen Vogel? Und welcher Schmetterling flat-tert über dem roten Vogel?	- Umschnitt ohne Bildanteil - Sprung nach unten	
06:29 – 06:44	Meine Freunde stehen direkt am Wasser und genau unter ihnen im See schwimmt jeweils ein Fisch. Weißt Du, welcher Fisch unter der Ente schwimmt?	- Umschnitt ohne Bildanteil - Sprung nach unten	
06:44 – 06:58	Ich habe jetzt 3 Futterschüs-seln bereitgestellt. Dass hab ich für die Vögel getan, nicht für die Fische. Weißt Du, welche Farbe die Schüssel hat, die in der Mitte steht?	- Umschnitt mit Bildanteil - Seitsprung nach rechts	
06:58 – 07:06	Nun aber ab nach Hause, es ist schon spät. War schön mit Dir zu spielen. Machs gut, Tschüß!	Verabschiedung Teddy Tom	

Danksagung

Ich möchte mich ganz herzlich bei allen bedanken, ohne deren Hilfe und Unterstützung diese Arbeit nicht zustande gekommen wäre:

Frau Professor Dr. habil. Anke Huckauf, die das Wagnis, einen Quereinsteiger zu betreuen, eingegangen ist und mir während der gesamten Zeit als Betreuerin zur Seite stand,

Herrn Professor Dr. habil. Heiko Hecht für die Begutachtung dieser Arbeit,

Herrn Professor Dr. habil. Wolfgang Lehmann, der mir nicht nur statistische Evaluation nahe gebracht, sondern immer ein offenes Ohr und ein aufmunterndes Wort für mich hat(te),

Herrn Mark Schmidt, der mir die Daten seiner Masterarbeit zur Verfügung stellte,

meinen Mitarbeiterinnen, Mitarbeitern und Kollegen, insbesondere Herrn Marcel Niehoff, die mich bei der Umsetzung der Tests und -filme unterstützt und für meine Forschungs- (neben der alltäglichen) Arbeit Verständnis und Interesse gezeigt haben,

den Kindern in den Einrichtungen, die mit soviel Freude meine Tests durchspielt haben,

ihren Eltern, die das vertrauensvoll erlaubten und selbst Fragen beantworteten,

den Kindergärtnerinnen, Lehrerinnen, Schul- und Kitaleiterinnen, die meinen Tests so positiv und interessiert gegenüberstanden und trotz der wenigen Zeit tapfer meine Fragen beantwortet und -bögen ausgefüllt haben,

meiner Schwester Denise Pfrang für das Korrekturlesen,

meinen Kindern Emma, Emil, Leonard, Oskar und Ronja, die mir Motivation waren und sind (und meistens Prä-Probanden),

und meiner Gemahlin und Gefährtin Susanne Pittorf, die mich in dieser Zeit nicht nur mit Prä-Probanden versorgt, die Prä-Probanden versorgt, mir den Rücken frei und mein Studierzimmer Prä-Probanden-frei gehalten hat, sondern die sich immer wieder neue Schwenks, mutmaßliche Zusammenhänge und ebenso viele Rückschwenks anhören bzw. ansehen musste und mich darüber hinaus sowohl in pädagogischen als auch filmtechnischen Fragen beraten hat, und die mir immer das Gefühl gab und gibt, dass das gut und richtig ist, was ich da mache und dass ich es mache.

Danke!

www.ingramcontent.com/pod-product-compliance
Lightning Source LLC
Chambersburg PA
CBHW060858270326
41935CB00003B/17